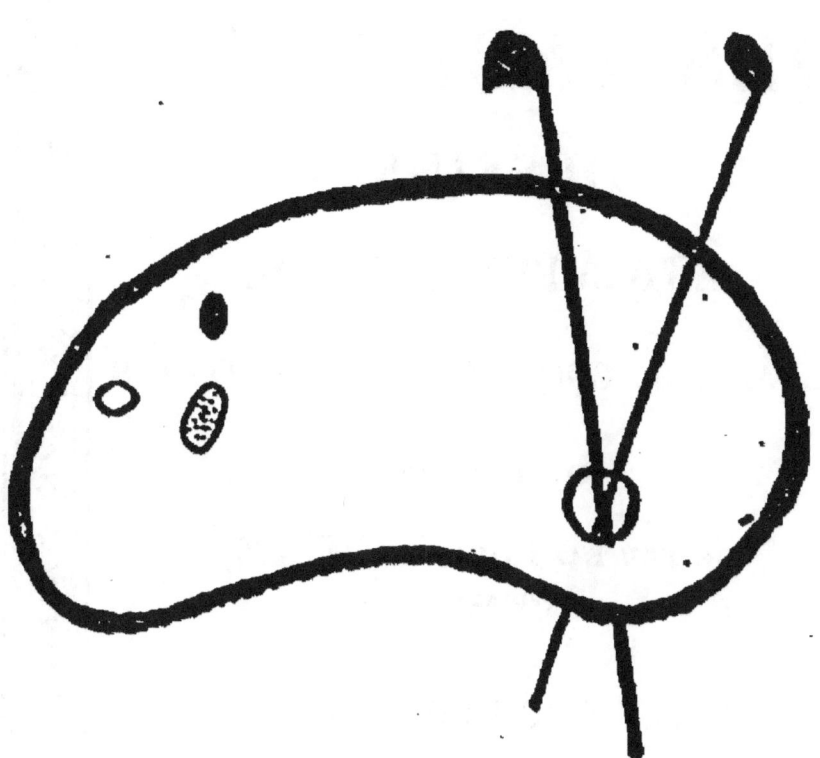

DEBUT D'UNE SERIE DE DOCUMENTS
EN COULEUR

CATALOGUE
DES TABLEAUX,
DESSINS,
ESTAMPES, LIVRES,
MÉDAILLES, COQUILLES ET CURIOSITÉS

DU CABINET

DE FEU M. Louis LAFITTE,

PEINTRE;

PAR DUCHESNE AÎNÉ.

PARIS,

IMPRIMERIE D'AD. MOESSARD, RUE DE FURSTEMBERG, N.° 8.

Décembre 1828.

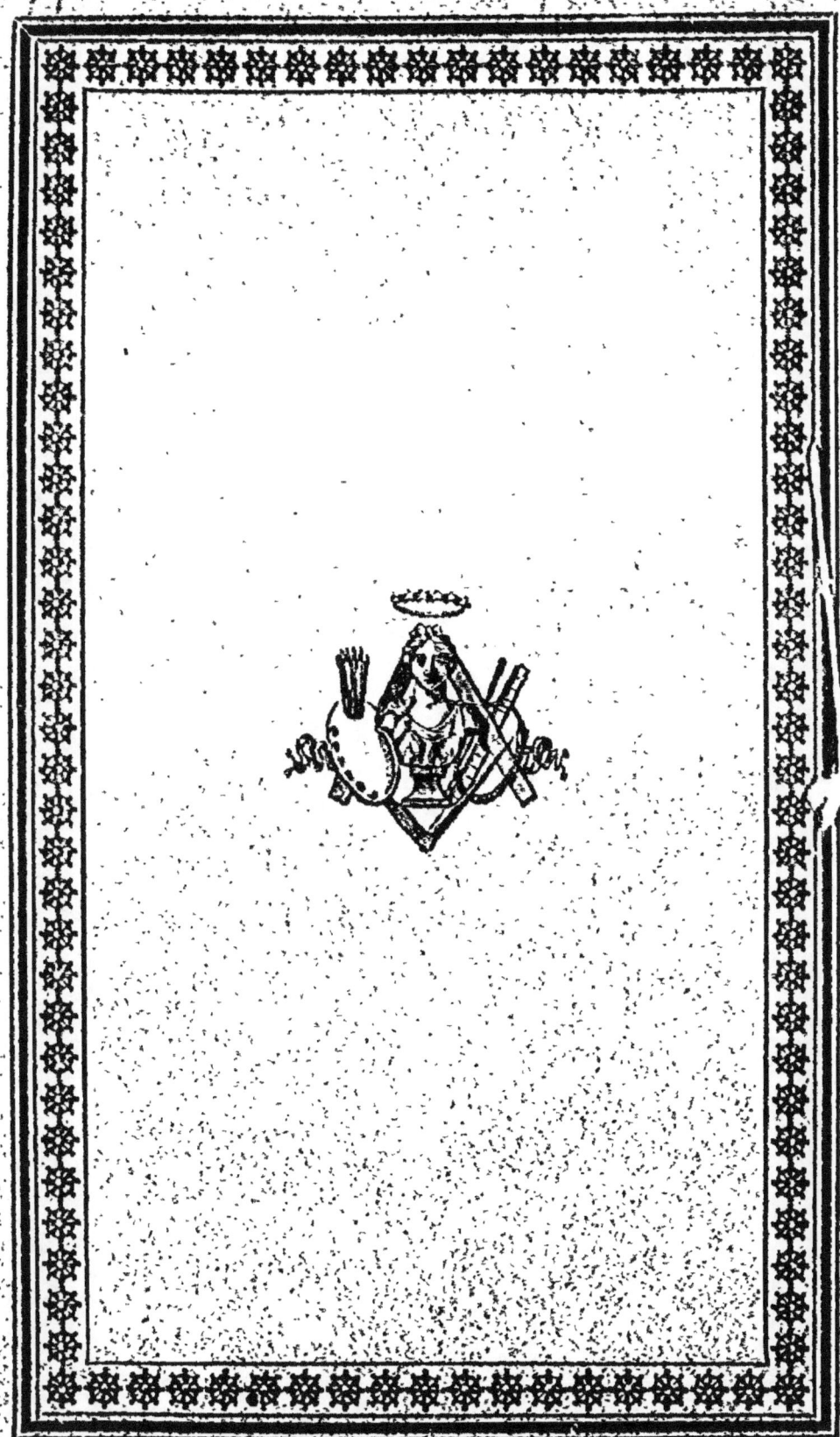

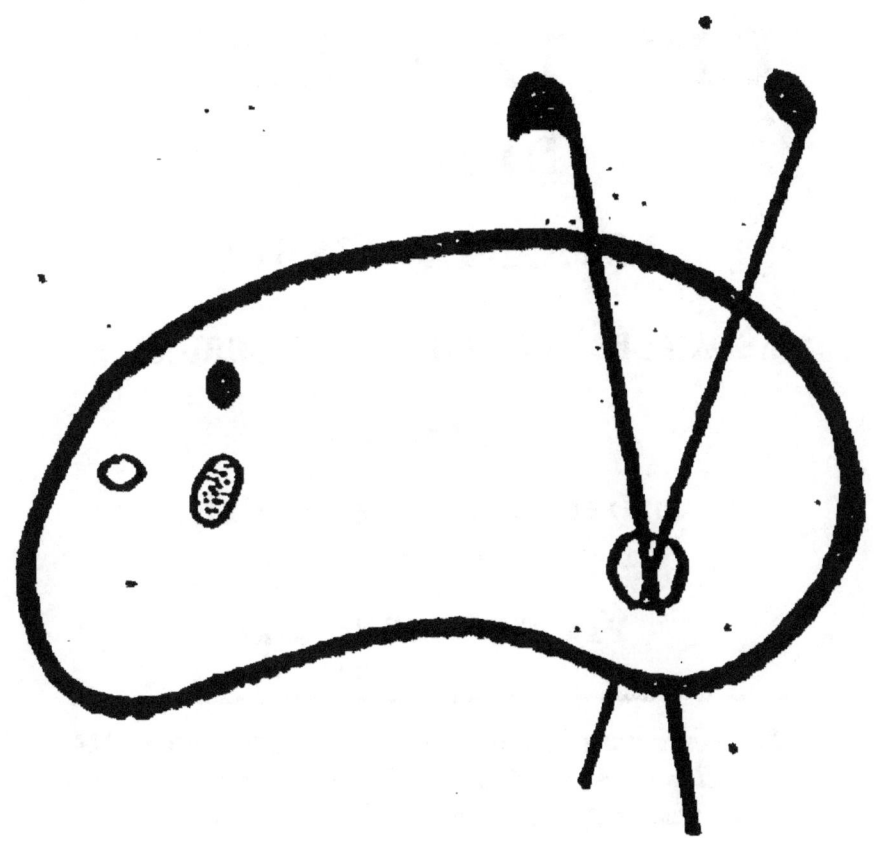

FIN D'UNE SERIE DE DOCUMENTS EN COULEUR

18-24 décembre 1828

CATALOGUE
DES TABLEAUX,
DESSINS,
ESTAMPES, LIVRES,

MÉDAILLES, COQUILLES ET CURIOSITÉS

DU CABINET

DE FEU M. Louis LAFITTE,

PEINTRE;

PAR DUCHESNE AÎNÉ.

La Vente aura lieu du Jeudi 18 au Mercredi 24 Décembre 1828, au domicile de feu M. Lafitte, Place des Quatre-Nations, côté de la rue de Seine.

Il y aura Exposition les Dimanche, Lundi et Mardi 14, 15 et 16 Décembre, de midi à trois heures.

LE CATALOGUE SE DISTRIBUE, A PARIS,

Chez M. BONNEFONS-DE-LA-VIALLE, Commissaire-Priseur, rue Saint-Marc, n.° 14.

1828.

De l'Imprimerie d'Ad. Moëssard.

NOTICE

SUR

LA VIE ET LES OUVRAGES

DE M. Louis LAFITTE.

Ayant reçu, dans la maison paternelle, les premiers principes d'une bonne éducation, M. Louis Lafitte, né à Paris le 15 novembre 1770, était âgé de 10 ans, lorsque le hasard amena Lantara chez son père. Ce Peintre qui, malgré son talent, était souvent dans un état voisin du besoin, accepta l'asile qui lui était offert par M. Lafitte père, et il travaillait souvent entouré des enfans de son hôte; l'un d'eux, le jeune Louis, lui demandait habituellement des crayons, et s'amusait à dessiner sous ses yeux, de manière à ce qu'il lui fut facile d'apercevoir les dispositions que cet enfant montrait pour le Dessin: Lantara n'eut pas grande peine à persuader au père, qui était amateur des beaux-arts, de ne point perdre de temps pour faire suivre à son fils la carrière à laquelle il était appelé. Le jeune Louis Lafitte fut donc placé chez M. Desmarteau; mais, en peu de mois, il eut bientôt copié tout ce qui se trouvait dans les portefeuilles de ce Graveur, et les progrès rapides qu'il faisait montraient la nécessité de lui donner un autre maître. M.' J.-B. Regnault arrivait de Rome, et venait d'ouvrir un atelier; le jeune Lafitte y fut reçu, et bientôt admis à l'Académie royale, il remporta la première médaille en 1788. Ses premiers succès l'engagèrent à redoubler de zèle, et il fit quelques études et plusieurs tableaux; puis enfin, en 1791, il se présenta au concours de l'Académie, et obtint le grand prix : il fut le dernier élève envoyé à Rome par Louis XVI. Il est facile de concevoir avec quelle ardeur M. Lafitte continua ses études dans la patrie des arts, où il avait pour compagnons et pour émules MM. Girodet, Gérard et Thévenin.

Les troubles que l'on éprouvait en France furent ressentis à l'Académie de Rome, et ils faillirent être funestes à M. Lafitte. Un tableau relatif aux évènemens qui se passaient à Paris fut ordonné; plusieurs élèves y avaient coopérés; mais le peuple, voulant détruire à-la-fois tout ce qui avait quelque rapport avec le gouvernement républicain, vint pour piller l'Académie. Tous les élèves avaient cherché à se dérober aux fureurs populaires; Girodet même venait d'obtenir un passeport pour Naples : mais M. Lafitte, dont l'âme douce et paisible ne pouvait croire aux excès d'une populace ameutée, continuait tranquillement ses études, quand le bruit, les vociférations d'une foule immense, lui apprirent qu'on voulait mettre le feu à l'Académie; il aperçut même un architecte de ses amis, M. Sturler, qui cherchait à se faire jour, et voulait entrer l'un des premiers dans l'espérance de le sauver. Déjà de la paille enflammée jette des tourbillons de fumée; M. Lafitte ne peut plus espérer de trouver une issue praticable: il monte sur les toits, et, comptant à-la-fois sur ses forces et sur son adresse, il se précipite à travers la cour d'une maison voisine, où il parvient à saisir le balcon d'une fenêtre entr'ouverte. Les habitans de cette maison s'empressèrent de donner au jeune Français les moyens de s'évader, et il en conserva une vive reconnaissance; son cœur ne put

oublier non plus les dangers auxquels s'était exposé M. Sturler pour le sauver, et une vive amitié les unit pour toujours.

M. Lafitte, obligé de quitter Rome, après un séjour
de deux années, s'arrêta quelque temps à Florence, où il
fut nommé professeur de l'Académie; puis il revint en
France en 1796. Les travaux auxquels il se livra à cette
époque n'avaient que peu d'importance; mais, lorsqu'un
gouvernement plus stable pensa à protéger les arts, le
talent de M. Lafitte fut employé dans diverses circon-
stances.

Nous ne rappellerons pas ce qu'il peut avoir fait pour
diverses fêtes publiques; mais nous ne croyons pas devoir
laisser dans l'oubli un ouvrage qui, malgré son importance, ne verra jamais le jour: c'est l'Histoire métallique
de cette époque, dont M. Lafitte fut chargé d'exécuter
tous les Dessins, ce qu'il fit avec le soin et la pureté
qu'il savait mettre dans tous ses travaux.

Avec un cœur bon et des mœurs douces, M. Lafitte
devait naturellement trouver chez lui le bonheur, et c'est
ce qui eut lieu lors de son mariage en 1796: et la naissance de sa fille vint compléter la satisfaction dont il a joui
toute sa vie.

Au retour de Louis XVIII, en 1815, il fut Dessinateur
du Cabinet du Roi.

En 1816, il profita du rétablissement de la paix pour
aller visiter les bords de la Tamise; mais à peine y fut-
il arrivé, qu'on lui demanda des Dessins pour une fête
que le Roi voulait donner aux puissances alliées, dans
son palais de Carlton-House.

Revenu à Paris, il fit, pour la Maison du Roi, des travaux qui furent généralement admirés: la Naissance de
Monseigneur le Duc de Bordeaux, les Fêtes données à

M.' le Dauphin, à son retour d'Espagne, furent autant d'occasions où il déploya toute la richesse d'une imagination vive et féconde, unie au goût le plus pur et à la plus parfaite exécution. Ces travaux méritaient une récompense, et M. Lafitte l'obtint en recevant la décoration de la légion-d'honneur, qui lui fut donnée en 1823. Le Sacre du Roi Charles X vint lui offrir un nouveau moyen de faire connaître la variété de son talent, et dans l'ouvrage que l'on a exécuté pour perpétuer le souvenir de cet événement remarquable, on verra des Compositions pleines de grâces et faites avec facilité. Ce bel ouvrage, le dernier sorti des mains de M. Lafitte, ne devait pas être terminé par lui; mais son nom y restera attaché.

Instruit, modeste, et semblant ignorer son mérite, M. Lafitte se montra dessinateur correct, et toujours noble dans ses Compositions; doué d'une facilité qui tenait en quelque sorte du prodige, il semblait jouer avec le crayon ou la plume, qui traçait sans peine sa pensée.

Après une maladie de peu de durée, M. Lafitte mourut le 3 août 1828, laissant sa famille en proie à la plus amère douleur.

ORDRE DES VACATIONS.

I.re VACATION. — *Jeudi 18 décembre 1828.*
LE MATIN.

TABLEAUX. N.os 19 à 22, 24 à 30.
DESSINS. N.os 31 à 41, 60 à 64, 67 à 70, 86 à 90, 97 à 100, 106 à 111, 113 à 130, 142 à 145, 167 à 170.

II.e VACATION. — *Vendredi 19 Décembre.*
LE MATIN.

TABLEAUX. N.os 1 à 18 et 23.
DESSINS. N.os 42 à 59, 65, 66, 71 à 83, 91 à 96, 101 à 105, 112, 131 à 135, 146 à 150, 156 à 161.

LE SOIR.

LIVRES. N.os 475 à 538.

III.e VACATION. — *Samedi 20 Décembre.*
LE MATIN.

DESSINS. N.os 84, 85, 136 à 141, 151 à 155, 162 à 166, 171 à 175.
PLANCHES GRAVÉES. N.os 341 à 348.
CURIOSITÉS. N.os 349 à 389.

LE SOIR.

LIVRES. N.os 539 à 602.

IV.e VACATION. — *Lundi 22 Décembre.*
LE SOIR.

ESTAMPES. N.os 196 à 258.

Exposition le Matin, de une heure à trois heures.

ORDRE DES VACATIONS.

V.ᵉ VACATION. — *Mardi 23 Décembre.*

LE SOIR.

Estampes. N.ᵒˢ 259 à 240.

Exposition le Matin, de une heure à trois heures.

VI.ᵉ ET DERNIÈRE VACATION. — *Mercredi 24 Décembre.*

LE SOIR.

Ouvrages a Figures. N.ᵒˢ 391 à 459.
Livres sur les Arts. N.ᵒˢ 460 à 474.

Exposition le Matin, de une heure à trois heures.

CATALOGUE.

TABLEAUX.

RAPHAEL.
1 La Vierge et l'Enfant-Jésus : très-jolie copie sur bois. Haut. 7 p. 8 l., larg. 6 p. 4 l.

CARRACHE.
2 Le Christ mort, sur les genoux de la Vierge et entouré des Saintes-Femmes : Copie ancienne. Larg. 3 P. 2 p., haut. 2 P. 5 p.

JORDAENS (École de).
3 Cinq Enfans, de grandeur naturelle, jouant avec une Chèvre : le fond est un paysage avec un grand rocher, qui occupe toute la partie à gauche. Larg. 5 P. 8 p., haut. 4 P. 2 p.

CHAMPAIGNE (*D'après*).
4 Un Portrait d'Homme, nu-tête et les cheveux plats, vêtu dans le costume du règne de Louis XIII. Haut. 2 P. 2 p., larg. 1 P. 9 p.

RIGAUD.
5 Le Portrait du duc d'Orléans, et celui d'un autre Personnage de la cour de Louis XIV : en ovale. Haut. 2 P. 3 p., larg. 1 P. 10 p.

DE TROY.
6 Un beau Portrait d'Homme. Haut. 2 P. 6 p., larg. 2 P.

VINCENT.
7 Grande Tête d'Étude de Femme renversée. Larg. 3 P., haut. 2 P. 3 p.

BERNARD.
8 La Jeune Mère avec ses deux Enfans, à mi-corps, jouant avec des bulles de savon. Tableau d'une grande

fraîcheur de coloris, qui vient du Cabinet de M.^r l'Abbé de Véry : il a été gravé par............ Larg. 3 P., haut. 2 P. 6 p.

CALLET.

9 Portrait de Charles X, en pied, avec le grand habit de chevalier de Saint-Michel. Copie. Haut. 4 P., larg. 2 P. 8 p.

LE BARBIER.

10 Tête de Vierge d'une très-belle expression. Haut. 24 p., larg. 20 p.

DEMARNE ?

11 Petit Paysage vaporeux : à droite, un grand rocher avec un troupeau de chèvres et quelques animaux; sur le devant, plusieurs hommes debout et deux femmes assises. Sur bois. Larg. 15 p. 6 l., haut. 12 p. 6 l.

12 Petit Paysage au soleil couchant : à droite, un pâtre jouant du flageolet auprès d'une bergère; sur le devant, plusieurs bestiaux et un enfant jouant avec un chien. Peint sur bois. Larg. 15 p., haut. 11 p. 6 l.

LAFITTE.

13 Joseph, amené devant Pharaon, lui donne l'explication du songe qu'il avait eu : Composition de huit figures. Sujet proposé au Concours de l'Académie en 1789. Larg. 3 P. 5 p., haut. 2 P. 6 p.

14 Esquisse de cette Composition. Larg. 14 p., haut. 10 p.

15 Sainte-Famille, dite *la Vierge à la Chaise :* Copie faite en 1800, par M. Lafitte. Haut. et larg. 2 P. 5 p.

16 La Vierge et l'Enfant-Jésus ; Tableau des plus gracieux, peint d'après nature, sur une pensée de Raphaël ; voy. n.° 1 : la figure est à mi-corps, le fond est un paysage. Haut. 3 P. 2 p., larg. 2 P. 8 p.

17 Un Christ en croix. Haut. 4 P. 2 p., larg. 2 P. 8 p.

18 Apollon et Minerve : Esquisse peinte, qui a servi de modèle pour la toile de l'Odéon. Haut.   , larg.

19 Une Bacchante assise, et son Enfant jouant avec des coquillages : le fond est un paysage. Larg. 5 P., haut. 4 P.

20 Les quatre Parties du Jour : Esquisse de quatre Tableaux peints pour la décoration d'un appartement. Chaque figure en largeur, 8 p., sur 3 p. 9 l.
   Haut. totale 16 p., larg. 9 p. 6 l.

21 Astyanax tiré du Tombeau où il avait été caché, pour le dérober à la fureur des Grecs.
   Sujet proposé au concours de l'Académie, en 1790.
   Larg. 4 P., haut. 2 P. 8 p.

22 Cimon, voulant faire donner la sépulture à son père, mort en prison sans avoir pu acquitter l'amende à laquelle il avait été condamné par le sénat d'Athènes, prend sa place et se laisse charger de fers. Larg. 14 p., haut. 12 p.

23 Un Guerrier mourant après avoir vaincu son adversaire : il tient encore son épée de la main droite, et l'autre main est appuyée sur son bouclier ; sa tête est renversée, et tout son corps exprime la douleur. Larg. 7 P. 4 p., haut. 5 P. 4 p.

24 Bonaparte publiant, à Milan, la République Cisalpine. Haut. 12 p.; larg. 8 p.

25 Le même Sujet : Esquisse sur toile. Haut. 12 p., larg. 8 p.

26 Vue de Montfermeil. Larg. 17 p., haut 12 p. 6 l.

27 Vue des Environs de Corbeil. Larg. 16 p., haut. 10 p. 6 l.

28 Etudes peintes de Figures et de Têtes ; 30 Pièces. Ce n.° sera divisé.

29 Six Panneaux d'Arabesques, peints à l'huile sur fonds

blanc. Chaque Panneau a 5 P. 8 p. de haut, sur différentes largeurs.

30 Plusieurs Études et différens Tableaux seront divisés sous ce n.°

DESSINS.

PRIMATICE (François).

31 Deux Nymphes en portant une troisième : Études de figures nues.

BARBIÉRI.

32* Un Ange près de saint Joseph endormi ; Dessin à la sanguine. Larg. 11 p., haut. 7 p. 6 l.

PADOUAN ?

33 Deux Portraits de femmes, dessinés aux crayons noir et blanc sur papier bleu. 2 Pièces.

CALZA (F.).

34 Les Statues équestres d'Alexandre et Rainulfe Farnèse, fondues en bronze par Mocchi, et élevées sur la place de Plaisance : Dessins aux crayons noir et blanc sur papier brun. 2 Pièces.

VOS (Martin de).

35* Le Jugement dernier: au milieu du bas : m. vos 1578. Dessin au bistre. Larg. 9 p., haut. 6 p. 6 lig.

LAFAGE (Raimond de).

36 Jugement de Salomon : Dessin lavé sur vélin.

GENOELS (Abraham).

37 Paysages dessinés à la plume, dont un attribué à Genoels. 2 Pièces.

LE BRUN (École de).

38 Histoire d'Alexandre, et autres Sujets de l'Histoire ancienne : Dessins aux crayons noir et blanc sur papier bleu. 19 Pièces.

PAROCEL (Joseph).

39 Une grande Bataille dessinée à la sanguine, en quatre feuilles collées.

BOUCHER (François).

40 Compositions, Figures académiques, Études, Paysages, etc., dessinés aux crayons noir et blanc, à la sanguine et au pinceau. 84 Pièces. *Ce n.° sera divisé.*

FRAGONARD fils.

41 Projet de Médailles pour la bataille de Wagram et la Soumission de la ville de Vienne. 2 Pièces.

VINCENT.

42 Figures académiques, dessinées à la sanguine ou à la pierre noire, en 1780 et 1781. 6 Pièces.

LANTARA.

43* Une Vue dessinée à la pierre noire. Larg. 7 p. 6 l., haut. 4 p. 9 l.

VERNET (Joseph).

44* Des Pêcheurs lavant leurs filets: Dessin à la pierre noire, et lavé à l'encre de la Chine. Haut. 12 p. 6 l., larg. 8 p. 6 l.

ROBERT (Hubert).

45 Plusieurs Paysages à la sanguine. 8 Pièces.

BAUDOUIN.

46 Conversation au clair de lune, dans le jardin des Tuileries: Gouache de la même grandeur que la Gravure.

PAJOU.

47 Esculape chassant la Mort qui allait moissonner une Femme à la fleur de l'âge; Dessin à la pierre noire: dans le bas, à gauche, *Pajou del* 1782.

HUET (Jean-Baptiste).

48 Études d'Animaux; plusieurs signées et datées des

années 1760 à 1792, au crayon, à la plume et lavées. 56 Pièces. *Ce n.º sera divisé.*

49 Études de Figures et de Têtes, dessinées à la sanguine et à la pierre noire, dans les années 1770 à 1779. 17 Pièces.

50 Paysages, Études d'Arbres et de Fleurs, des années 1762 à 1792. 17 Pièces.

51* Plusieurs Études de Chèvres, lavées au bistre. 2 Pièces. Larg. 12 p. 6 l., haut 9 p.

RODELLE.

52 Fête chinoise, dessinée à l'aquarelle par Rodelle. 1775.

COSTE *et autres.*

53 Trois Paysages à l'aquarelle, par J.-B. Coste, en 1782, C. Gerbet et Hillestrom. 3 Pièces.

CARAFFE.

54 Les Génies des Arts venant puiser à la fontaine d'Hyppocrène : Dessin à la plume, ayant servi de frontispice à l'un des volumes des Annales du Musée.

MOREAU.

55* Portrait de M. Renoux, secrétaire de l'Académie de Peinture, dessiné en 1785, aux crayons rouge et noir. Ovale. Haut. 4 p. 6 l., larg. 3 p. 9 l.

LE BARBIER l'aîné.

56* Horatius Coclès défendant le passage d'un pont, tandis qu'on le détruit derrière lui : Dessin à la sepia. Larg. 2 P. 2 p., haut. 17 p. 6 l.

57* Paul et Virginie : Dessin lavé à l'encre de la Chine. Haut. 7 p. 3 l., larg. 6 p. 10 l.

58* Une Nativité : Dessin lavé à la sanguine, avec la date de 1781. Haut. 13 p., larg. 10 p.

PRUDHON.

59 Figures académiques, aux crayons noir et blanc sur papier bleu. 8 Pièces.

LAFITTE.

60 Moïse frappant le rocher; une Sainte-Famille, et Vénus en repos près d'Adonis : Dessins à la plume. 3 P.

61 Athalie arrêtée par ordre de Joas : Croquis aux crayons noir et blanc.

62* Christ en croix : dans le bas, à gauche, est écrit *L. Lafitte à Rome.* Grand Dessin à la pierre noire. Haut. 26 p. 6 l. Larg. 19 p.

63 Hypolite devant Thésée, l'Empereur Caracalla, et un Combat : Dessins à la plume. 3 Pièces.

64 Compositions très-gracieuses de Vénus et d'autres Déesses avec des Amours : Dessins à la plume. 4 P.

65* Histoire de Psyché; Modèles de Panneaux en papiers peints : sur l'un d'eux est le nom de l'auteur et l'année 1815. Dessins très-terminés, aux crayons noir et blanc sur papier de couleur. 7 Pièces. Haut. 14 à 16 p., larg. 5 à 20 p. *Ce n.° sera divisé.*

66* La Naissance de Henri IV, première pensée d'une Composition qui se trouve dans l'Album de S. A. R. Madame, Duchesse de Berry : Dessin à la sepia. Larg. 12 p., haut. 8 p. 6 l.

67 Louis XIV donnant la croix de l'ordre du Saint-Esprit : Dessin aux crayons noir et blanc. Larg. 18 p., haut. 8 p.

68* Bas-Reliefs : Dessin aux crayons noir et blanc, avec le nom de l'auteur. 4 Pièces. Larg. 12 p. 6 l., haut. 6 p. 6 l.

69* La Mort de d'Assas en Amérique : dans le bas, à gauche, est la signature. Dessin très-terminé, aux crayons noir et blanc. Larg. 15 p. 6 l., haut. 11 p. 6 l.

70* Cartouche pour le testament de la reine Marie-Antoinette : sur un vase, à gauche, est écrit le nom de l'auteur. Dessin à la sepia. Haut. 12 p., larg. 10 p.

71* Le général Bonaparte à la bataille de Marengo : dans le bas, à droite, le nom de l'auteur. Dessin aux crayons noir et blanc.
   Un Bas-Relief en bronze a été exécuté d'après ce Dessin.
   Larg. 21 p., haut. 9 p. 6 l.
72* Frises pour le Mariage de Napoléon et de Marie-Louise : Dessin aux crayons noir et blanc, avec le nom de l'auteur. 4 Pièces. Larg. 22 p., haut 6 p.
73 Projets de Bas-Reliefs pour l'obélisque qui devait être élevé à l'éperon du Pont-Neuf; Dessin à la plume. 4 P.
74 Un Char triomphal à huit chevaux : Dessin au trait, avec le nom de l'auteur.
75 Scène d'une Réjouissance publique sur la rivière, au moment où des Oiseaux sortent d'une cage suspendue et brisée par de l'artifice : lavé à l'encre de la Chine. 1 P.
76 Transparens exécutés pour le Mariage de S. A. R. Mgr le Duc de Berry : Dessins lavés à l'encre de la Chine. 2 P.
77 L'Hymen pleurant et l'Amour brisant son arc auprès du tombeau du Duc de Berry : Dessin à la sepia ; *non terminé.*
78 La France recevant le Duc de Bordeaux des mains de l'Espérance : petit Dessin à la sepia.
79 Le Baptême du Duc de Bordeaux, dans l'église métropolitaine de Paris : calque à la mine de plomb.
80 Dessin d'un Bouclier offert au général Wellington : deux Compositions différentes ; l'une est lavée à la sepia et n'est pas tout-à-fait terminée ; l'autre est au simple trait, à la mine de plomb : plusieurs parties ne sont que légèrement tracées.
81 Composition pour diverses frises exécutées à Carlton-House, pour la fête donnée au général Wellington : au trait, à la plume, sur papier de couleur. 5 Pièces.
82* L'Union de la Seine et de la Tamise : Composition

allégorique employée dans la fête donnée au général Wellington. En bas, à gauche, *Lafitte*, 1815. Larg. 11 p. 9 l., haut. 6 p. 6 l.

82 *bis*. Neptune calmant la Tempête lors du passage de l'Empereur Alexandre en Angleterre : Composition allégorique pour la fête du Duc de Wellington. Dessin à la sepia. Larg. 12 p., haut. 5 p. 9 l.

83 Compositions allégoriques, faites en Angleterre, pour une fête donnée, dans Carlton-House, au général Wellington. Dessin à la plume. 7 Pièces.

Croquis et Dessins au trait de ces mêmes Compositions.

84 Réduction de plusieurs de ces Dessins pour être gravés, dessinés au trait, à la mine de plomb. Sur pap. blanc.

85 Fête donnée, par la ville de Paris, à S. A. R. M.gr le Dauphin, à son retour d'Espagne : décembre 1823.

Ces Dessins sont au trait, excepté la colonne rostrale, qui est lavée à la sepia, et la vue de la barrière de l'Étoile, qui n'est qu'une disposition tracée à la mine de plomb. 23 Pièces. (Il n'y en a eu que 12 de gravées).

86 Le Plan et deux Vues de l'Église de Saint-Denis, lors des funérailles du roi Louis XVIII. 3 Croquis, dont un aux crayons noir et blanc.

87 Ornemens et Détails divers pour la Cérémonie funèbre du roi Louis XVIII, à Saint-Denis. Croquis à la plume. 9 Pièces.

88 Ornemens et Détails pour la décoration de la cathédrale de Reims, le jour du Sacre du roi Charles X. Croquis à la plume. 47 Pièces.

89 Suite de Croquis et de Calques pour les diverses scènes de la Cérémonie du Sacre du roi Charles X, à Reims. 10 Pièces.

90 Diverses Vues de la salle du Banquet, à Reims : Calques, Croquis aux crayons noir et blanc. 7 Pièces.

LAFITTE.

91 Ostensoirs, Calices, Croix et autres Objets pour le service du culte, le jour du Sacre du roi Charles X : divers Croquis. 9 Pièces.

92 La Cène : Composition exécutée sur le dais, pour le Sacre du roi Charles X. Dessin à la sepia. Larg. 15 p. 6 l. haut. 6 p. 6 l.

93 Décoration pour le Sacre, et Dessin de la Boîte où était contenue la Sainte-Ampoule. 3 Pièces.

94 Calques soigneusement faits à la plume, sur les Dessins des différens Objets qui ont été exécutés pour la cérémonie du Sacre de Charles X. 25 Pièces.

95 Composition allégorique et Détail du plafond peint, dans l'une des Salles de l'Hôtel-de-Ville de Paris, pour les Fêtes du Sacre, en 1825 : Dessins à la plume. 5 Pièces.

96 Etudes de Figures et de Trophées pour les fêtes données par la ville de Paris, etc. : Dessins aux crayons noir et blanc. 5 Pièces.

97 Instruction faite, par M. Bordier, aux Enfans de la paroisse de Saint-Thomas-d'Aquin : Croquis et Dessins divers. 4 Pièces.

98 Représentation de l'atelier de M. Vincent, et Portraits de plusieurs de ses Élèves pendant une heure d'étude : Dessins aux crayons noir et blanc. Dans le coin, à gauche. *Lafitte*, 1790.

99* Scènes dans le jardin du Luxembourg : dans l'une, on voit danser plusieurs enfans ; dans l'autre, des enfans sont avec leurs bonnes. Dessins aux crayons noir et blanc. Larg. 16 p., haut. 12 p.

100 Projets et Dessins de Médailles pour l'histoire de Napoléon ; la plupart ont été exécutés : Croquis très-spirituellement faits à la plume, et collés sur papier de couleur. *Collection très-curieuse.*

101 Dessins et Projets de Médailles à la plume. 7 Pièces.
102* Projet de Médaille pour la naissance du Duc de Bordeaux: Dessin à la sepia. Diam. 6 p. 6 l.
103 Petits Médaillons de quarante Rois de France, placés dans une des frises de la décoration de l'église de Reims, pour le Sacre de Charles X: jolis Dessins à la sepia. L'un d'eux est signé. 21 Pièces.
104* Frontispice pour le Temple de la Gloire, représentant une figure de Pallas, assise, entourée d'attributs militaires: dans le bas, à gauche, est la signature. Dessin à la sepia. Haut. 13 p., larg. 8 p. 6 l.
105 Projets de Frontispice pour le Temple de la Gloire: Compositions différentes. Dessins à la plume. 3 Pièces.
106 Compositions faisant partie du Frontispice de la première édition de la Description de l'Egypte: Dessins à la sepia. 3 Pièces.
107* Frontispice pour la deuxième édition de la Description de l'Egypte, publiée par M. Panckouke: Dessin à la pierre noire. Haut. 23 p., larg. 16 p.
108 Frontispice pour les Commentaires de César; édition publiée par M. Panckouke: Dessin à la plume.
109 Vignette pour le Cartouche de la Garde-Nationale de Paris: dans le bas, à gauche, est écrit: *Lafitte, Dess. du Cab. du Roi.* Dessin à la sepia. Larg. 8 p., haut. 5 p.
110 Compositions dessinées à la plume, pour les Vignettes des Œuvres de Destouches. 16 Pièces.
111 Compositions, Vignettes, Études, Croquis divers, etc.: petits Sujets propres à être placés dans des Albums. 121 Pièces. *Cet article sera divisé.*
112 Recueil manuscrit, ayant pour titre: Le plus Joli des Recueils, ou Chefs-d'Œuvre de Poésie. L'Écriture du livre est de Lafitte père, et les Dessins de Lafitte fils,

pensionnaire de l'École de France à Rome, et membre de l'Académie de Florence. Paris, 1807.

> Ce Volume, composé de 598 pages, contient 91 Dessins très-joliment dessinés à la plume, et en tête le Portrait de Mr Lafitte père. 1 vol. in-4.º relié en maroq. rouge, doubl. de tabis, doré sur tranche, par Bozerian jeune.

113 Autre Recueil de Poésies écrites, par le même, mais d'une écriture moins régulière; seulement quatre vignettes dessinées par Lafitte fils. In-4º dos de basane.

114 Allégorie, dans laquelle on voit, le Commerce abattu, les Arts éplorés, l'Agriculture abandonnée, tandis que la Liberté paraît triomphante : cette Composition est la première exécutée d'après l'idée de M. Poirier de Dunkerque. Dessin à la plume, non terminé.

115 La Tyrannie vaincue et renversée par la Liberté : Composition allégorique aux évènemens de 1793. Dessin à la sepia rehaussé de blanc, avec la marque de l'auteur.

116 Le Temps ramenant la Jeunesse à l'étude des Beaux-Arts, après avoir abattu le Vandalisme et l'Hypocrisie qui se cachaient derrière la Liberté : Composition allégorique aux évènemens de 1796. Dessin lavé à l'encre de la Chine, avec la marque de l'auteur.

117 Des Cuisiniers est des Valets occupés des apprêts d'un festin, dans la cour du Musée des Arts : Composition satirique, relative au repas donné au général Bonaparte, après la bataille de Marengo, en 1799. Dessin lavé à l'encre de la Chine.

118 Collection de Calques, la plupart à la plume, presque toutes d'après ses propres compositions : trois portefeuilles contenant 702 Pièces.

119 Croquis de diverses Compositions à la mine de plomb sur papier blanc. 25 Pièces.

120 Diverses Compositions. 11 Pièces. *Ce n.° sera divisé.*
121 Croquis de diverses Compositions. 14 Pièces.
122 Sujets divers, dessinés au trait, d'après les Compositions de Raphaël, l'Albane, Poussin et autres. 12 P.
123 Première Éruption du mont Vésuve, et Couronnement d'Inès de Castro, d'après M. de Forbin : deux Croquis aux crayons noir et blanc, et un à la plume. 3 Pièces.
124 Réductions au trait, d'apr. plusieurs Tableaux de grands Maîtres, pour les ouvrages publiés par M. Landon.

Portraits.

125 Portrait en pied de M. Denon, dessinant un grand monument d'Égypte : Dessin original à la plume, de la même grandeur que la Gravure.
126 Portraits de Saint-Phal, Chenar et autres. 7 Pièces. *Cet article sera divisé.*
127* Portrait de Le Brun : Dessin à la mine de plomb, qui a servi pour la Gravure. Haut. 14 p. 6 l., larg. 3 p. 6 l.
128* Portrait de M. l'Abbé le Gris Duval : Dessin au crayon noir, qui a été gravé. Haut. 9 p. 6 l., larg. 7 p. 6 l.
129* Deux Portraits de grandeur naturelle : Dessins aux crayons noir et blanc. Haut. 20 p., larg. 15 p.
130 Croquis de Portraits, dont ceux de Louis XVIII et de Bernardin-de-Saint-Pierre : 19 P. *Cet art. sera divisé.*

Paysages.

131 Deux grands Paysages : l'un légèrement esquissé à la mine de plomb ; l'autre seulement au trait, à la plume. 2 Pièces.
132 Différens Paysages composés ; une Vue du Pont-Neuf ; une Vue de Vienne, servant de frontispice au Voyage en Autriche, par M. De Laborde, etc. 17 Pièces.

133 Vue d'une Partie d'eau dans l'intérieur d'un grand bois : dans le coin du bas, à gauche, *Lafitte* 1790; aux crayons noir et blanc sur papier bleu.

134* Le Château de Chambord, offert au duc de Bordeaux : Dessin à la sepia. Larg. 4 p., haut. 2 p. 2 l.

135 Vues de Vincennes, Saint-Mandé, Cramayel près Fontainebleau, Saint-Cloud, Poissy et autres endroits des environs de Paris : Dessins à la mine de plomb. 46 Pièces. *Cet article sera divisé.*

136 Vues diverses, prises pendant un voyage à Rély, Saint-Omer, Boulogne et Calais, en août 1814 : Dessins à la mine de plomb et à la pierre noire sur papier blanc. 48 Pièces.

137 Vues d'Ambleteuse, Saint-Omer, Ardes, et autres endroits des bords de la Manche : Dessins à la mine de plomb. 17 Pièces.

138 Différentes Vues d'Angleterre : Dessins à la mine de plomb. 16 Pièces.

139 Vue intérieure d'une ville en 1793, et Vue d'un grand Arbre brisé : deux Études à la pierre noire; la première n'est pas terminée.

140 Divers Croquis de Paysages à la pierre noire et à la mine de plomb. 7 Pièces.

141* Deux Études de Vaches; l'une debout, et l'autre couchée : Dessins à la pierre noire. 2 Pièces. Larg. 12 p., haut. 7 p.

142 Plans, Vues ou Détails de la Cathédrale de Reims ou autres Monumens de la France : Croquis, Calques ou Dessins. 13 Pièces.

143 Plans, Vues ou Détails de divers Monumens de Paris : Croquis, Calques ou Dessins. 9 Pièces.

144 Compositions architecturales et ornemens. 7 Pièces. *Ce n.° sera divisé.*

145 Études d'Ornemens d'Architecture antique, dessinées à Rome, à la sanguine. 14 Pièces.
146 Études diverses pour la Décoration de la salle de l'Odéon : la plupart sont aux crayons noir et blanc sur papier de couleur; quelques-unes sont lavées à l'encre de la Chine ou à la sepia. 52 Pièces. *Ce n.° sera divisé.*
147 Études de plusieurs parties de la coupole des Invalides, faites lors de la restauration de ces Peintures : aux crayons noir et blanc sur papier de couleur. 9 Pièces.
148 Bas-Reliefs et Monumens antiques; premier Cahier d'un ouvrage qui n'a pas été publié : Dessins à la plume, au trait. 8 Pièces.
149 Statue de Jupiter-Olympien sur son trône, une Statue de Pallas et une autre, pour l'ouvrage de M. Quatremère-de-Quincy : Dessins au trait. 4 P.
150 Dyptiques en ivoire, conservés à la Bibliothèque du Roi. Dessins à la mine de plomb. 2 Pièces.
151 Vase de la villa Borghèse, et développement du bas-relief; Cippe antique en marbre, avec le développement de son bas-relief : Dessins à la mine de plomb. 3 Pièces.
152 Grands Vases d'Orfévreries et autres Objets. 12 P.
153 Études de Poignées et de Fourreaux de Sabres, et autres Objets. 8 Pièces.
154 Projets de Costumes pour la Maison civile du Roi Louis XVIII : Figures en pied, dessinées à l'aquarelle. Les quatre dernières au simple trait. 20 Pièces.
155 Projets de Dessins de Broderies, composés et exécutés sous la direction de M. le Duc de Duras. La plupart dessinés à la sepia, quelques-uns coloriés, d'autres au simple trait. 83 Pièces.

Études.

156 Etudes de Figures et de Têtes en médaillons, pour décorer plusieurs pièces de la Malmaison : dessinées au trait, à la plume, et piquées pour être poncées. 43 Pièces.

157 Etudes diverses, aux crayons noir et blanc sur papier de couleur. 8 Pièces.

158 Etudes de Figures dessinées à la plume. 5 Pièces.

159 Etudes d'Ortéologie et de Myologie, dessinées en 1784, à la sanguine. 29 Pièces.

160 Etudes de Serpens, d'Oiseaux, etc. 8 Pièces.

161 Principes de Dessins à la pierre noire. 11 Pièces.

162* La Virginité : tête pour le prix d'expression. Dessin aux crayons noir et blanc. Haut. 20 p., larg 16 p.

163 Têtes d'Etudes à la pierre noire sur papier blanc. On a l'estompe sur papier de couleur et rehaussée de blanc. 31 Pièces. *Ce n.° sera divisé.*

164 Etudes de Pieds et de Mains dessinés à la pierre noire sur papier blanc ou sur papier de couleur. 9 Pièces.

165 Croquis, à la pierre noire, de plusieurs Figures, d'après Poussin. 6 Pièces.

166 Etudes de diverses Figures drapées, aux crayons noir et blanc, sur papier de couleur. 10 Pièces.

167 Figures académiques et Études de Figures nues et drapées : à la pierre noire, sur papier blanc, et sur papier de couleur rehaussé de blanc. 26 Pièces. *Ce n.° sera divisé.*

168 Contre-Épreuves de diverses Têtes d'Études, Principes de Dessins, Figures, Compositions et Paysages. 41 Pièces, sur papier blanc. *Ce n.° sera divisé.*

169 Un Carnet contenant des Croquis à la plume, très-spirituellement faits, de plusieurs scènes du Sacre du

roi Charles X, ainsi que de plusieurs Costumes; détails de Décorations et Objets divers qui ont été employés dans cette cérémonie. 50 Pièces en 1 vol. in-4.°

170 Plusieurs Carnets remplis d'Etudes et de Croquis. *Cet art. sera divisé.*

DIVERS MAITRES.

171 Figure d'un *Adorante*, sur un piédestal orné d'un bas-relief antique : Dessin à la mine de plomb.

172 La Joséphine, dessinée à l'aquarelle, à la Malmaison, en 1805, et plusieurs Études de Courge, dessinées au bistre. 7 Pièces.

173 Dessins par divers Maîtres anciens. 50 Pièces. *Ce n.° sera divisé.*

174 Dessins par divers Maîtres du XVIII.° siècle. 29 Pièces. *Ce n.° sera divisé.*

175 Grands Dessins par divers Maîtres. 9 Pièces. *Ce n.° sera divisé.*

ESTAMPES.

MANTEIGNA (ANDRÉ), *né à Padoue en 1431.*

176 Bacchanale à la cuve, n.° 19. *D'une mauvaise conservation.*

LÉONARD, *né à Vinci en 1440.*

177 Diverses Caricatures : 10 gravées par Hollar, les autres par Caylus. 22 Pièces.

DURER (ALBERT), *né à Nuremberg en 1471.*

178 Allégorie sur l'effet de la jalousie, n.° 73. *Belle Epr. sans marge.* — Le gros Cheval, 1505, n.° 97. — Suite des Figures de l'Apocalypse, *gr. sur bois*, n.°° 60 à 75. 16 Pièces. — Six Pièces de la grande Passion, et plusieurs autres Pièces gravées sur bois, d'après différens Maîtres; une en camaïeu, d'après Raphaël, par Hugo-de-Carpi. 16 Pièces.

STRADAN (Jean), *né à Bruges en* 1536.
170. Figures pour l'Histoire des Chasses et des Pêches, gravées par Jean Collaert, Mallery, Ph. Gallc et autres, d'après les peintures de Stradan. 43 Pièces.

CORT (Corneille), *né à Horn en* 1536.
180. Moïse et Aaron devant Pharaon, d'après Zuccaro; le Christ au Tombeau, d'après Jules Clovio; saint Jérôme, saint Jean-Baptiste, sainte Madeleine, etc., d'après Mucian. 11 Pièces.

BRY (Jean-Théodore de), et autres, *né à Liége en* 1561.
181. L'Age d'or, la Marche d'Abraham, plusieurs Marches militaires, une Bacchanale, la Fontaine de Jouvence, par De Bry, et plusieurs petites Pièces, par Etienne De Losne; et la Victoire de Constantin, d'après Raphaël, par Pierre Woeriot. 19 Pièces.

LES SADELERS, 1560?
182. Portraits des Empereurs et Impératrices, deux suites de XII Pièces; manque le n.° VII des Impératrices. Portrait de Rodolphe II. Les Anachorètes, suite de 24 Pièces. Plusieurs Saintes-Familles, etc. 68 Pièces.
183. Recueil de cinquante Paysages, gravés par Eg. Sadeler, d'après Stephani, Breughel, etc.; in-fol. broché.

BRUYN (Nicolas de), *né à Anvers, vers* 1570.
184. David tenant la tête de Goliath; Salomon adorant l'idole de Bélus; saint Jean-Baptiste prêchant; le Jugement de Pâris, et plusieurs Scènes de Guinguettes. 10 grandes Pièces.

SAENREDAM (Jean), *né à Leyde, vers* 1570.
185. L'Histoire d'Adam, en 6 Pièces, Histoire d'Élie, en 4 Pièces; Pomone, etc., d'après Ab. Bloemaert. 13 Pièces.

BOLSWERT et autres, 1580?

186 Adoration des Mages; plusieurs Saintes-Familles, d'après Bloëmaert, et autres Sujets gravés par Goltzius, Mathan, Swanenburg. 21 Pièces.

CALLOT (JACQUES), *né à Nancy en 1593.*

187 Son OEuvre, dont: la suite des Gentilshommes, les Fantaisies, les Caprices, les Gueux, les sept Péchés capitaux, les Grotesques, les Gobbi, les Malheurs de la Guerre, Paysages, la grande et la petite Passions, le Nouveau-Testament, la Vie de l'Enfant-Prodigue, la Vie de la Vierge, la Lumière du Cloître, les Apôtres, les petits Saints, les petites Tentations de saint Antoine, le Bénédicité, les Joueurs, la Foire d'Imprunette, Vue de la Tour de Nesle, Bataille du Roi Tessi et du Roi Tinta, la Carrière de Nancy, la Chasse, le Jeu de Boule, l'*Ecce Homo*, saint Sébastien, etc. En tout 977 Pièces. 1 vol. in-fol. en veau.

188 Les Apôtres, les Figures de la Noblesse, les Figures de la Tragédie de Soliman, les Intermèdes de Florence, la Chasse, la Carrière, et plusieurs Pièces détachées des Tableaux de Saint-Pierre et de Saint-Paul, à Rome, etc. 70 Pièces.

189 La Vie de la Vierge, la petite Suite des Martyres, les Gueux, les Misères de la Guerre, le Combat à la Barrière; plusieurs Pièces détachées de la Passion, des Grotesques, etc. 152 Pièces.

190 Les Tentations de saint Antoine, le Parterre de Nancy, la Foire d'Imprunette, deux Vues du Louvre, le Bénédicité, saint Mansuet, saint Nicolas, les trois Pantalons, etc. 48 Pièces.

CHAPERON (NICOLAS) *né à Châteaudun, vers 1596.*

191 Loges de Raphaël avec x Frontispices, dont un

contient le Portrait de Raphaël : quelques épreuves sont modernes, d'autres sont un peu endommagées. Manque les n.º 11, 14 et 52. 51 Pièces.

LASNES (Michel), *né à Caen en* 1596.

192 Plusieurs Portraits, dont : ceux du Cardinal de Richelieu, Jean-Franç. de Gondy, Henry de Montmorency; Louis de Marillac, Jabach, etc. 26 Pièces.

MELLAN (Claude), *né à Abbeville en* 1606.

193 Plusieurs Portraits, dont : Louise-Marie de Gonzague, Henriette-Marie de Buade Frontenac, l'Abbé de Marolle, le Cardinal de Bentivoglio, Balzac, Charles de Créqui, Nicolas Fouquet, etc. 16 Pièces.

194 La Tête du Christ, saint Jean-Baptiste, saint François, saint Alexis; plusieurs Frontispices et quelques Statues. 31 Pièces.

REMBRANDT (Van Ryn), *né près de Leyde en* 1606.

195 Adam et Ève, n.º 28, épreuve dont un angle est coupé. Joseph et la Femme de Putiphar, n.º 39. Les Vendeurs chassés du Temple, n.º 69. Un Gueux donnant la main à son Enfant, n.º 144, et un autre avec l'année 1639, n.º 144. 5 Pièces.

MORIN (Jean), *né à Paris, vers* 1612.

196 Deux grands Paysages en largeur, et quatre en hauteur, d'après J. Fouquet. Quatre autres en largeur, d'après Fouquet et Corneille. 10 Pièces.

SWANEVELT (Herman), *dit* HERMAN D'ITALIE, *né en Hollande, vers* 1620.

197 Plusieurs grands Paysages en hauteur et en largeur. 9 Pièces.

PESNE (Jean), *né à Rome en* 1623.

198 Les sept Sacremens, d'après Poussin, épreuves bien conservées, avec marge où le mot *excud.* est effacé. 14 Pièces.

SCHUPPEN (Pierre Van), *né à Anvers en 1623.*

199 Divers Portraits, dont Alexandre VII et le Cardinal Mazarin, d'après Mignard; le Cardinal d'Est, François de Nesmond, etc. 10 Pièces.

NANTEUIL (Robert), *né à Reims en 1630.*

200 Sainte-Famille gravée pour sa thèse de philosophie soutenue à Reims en 1645; Tête de Moïse terminée par Edelinck en 1699; plusieurs Portraits doubles. 7 Pièces.

201 Jacques Amelot, premier président de la Cour des Aides.
Aubray, conseiller à la Cour des Aides, 1658. C'est le père de la Brinvilliers.
Le Cardinal Antoine Barberin, 1633.
Antoine Barillon de Morengis, 1661.
Benoise, conseiller au Parlement, 1651.
Blondeau, président de la Cour des Comptes, 1653.
Bochard de Champigny.
François de Bonne de Créqui, 1662. 8 Pièces.

202 Louis II de Bourbon, prince de Condé, dit *le Grand-Condé,* dans une bordure de feuilles de laurier, 1662 : en ovale.
Jules de Bourbon, duc d'Enghien, d'après Mignard, 1661.
Victor Le Bouthilier, évêque de Boulogne, d'après Champaigne, 1651.
Victor Le Bouthilier, archevêque de Tours, 1659.
Marie de Bragelone, veuve de M. de Bouthilier, 1656.
5 Pièces.

203 Jacques de Castelnau, maréchal de France, 1658.
Jean Chapelain, littérateur, 1655.
Charles II, duc de Mantoue.
François de Clermont-Tonnerre, évêque de Noyon, 1655 : *première Épreuve* avant la croix pastorale.
Jacques Le Coigneux, président au Parlement, d'après Beaubrun, 1654.
André Lefèvre d'Ormesson, conseiller-d'État, 1654.
Gaspar de Fieubet, conseiller au Parlement de Toulouse, peint à Toulouse. 7 Pièces.

204 Louis HESSELIN, quart de nature, 1658. *Epr. avant la lettre.*
Pierre JEANNIN, premier président.
Guillaume DE LAMOIGNON, président au Parlement, 1663.
Guillaume DE LAMOIGNON, 1676, grandeur de nature.
Henri-Auguste DE LOMÉNIE DE BRIENNE DE LA VILLE-AUX-CLERCS, secrétaire-d'État et chevalier du Saint-Esprit, dans une bordure de feuilles de chêne, 1660.
René de LONGUEIL, seigneur de Maison, président au Parlement, 1653. 6 Pièces.

205 Jean LORET, littérateur, 1658.
Louise-Marie de GONZAGUES, reine de Pologne et de Suède, d'après Juste d'Egmont, 1653.
Michel DE MAROLLES, 1657.
Jean-Antoine DE MESMES, président au Parlement, 1650.
Jean-Antoine DE MESMES, président au Parlement, 1655.
Jean-Antoine DE MESMES, président au Parlement, 1668.
6 Pièces.

206 Mathieu MOLÉ, premier président.
DE NESMOND, président au Parlement, 1653.
DE NOVION, président au Parlement, 1658.
Henri D'ORLÉANS, duc de Longueville, d'après Champaigne.
Pierre PAYEN-DESLANDES, conseiller au Parlement, 1659.
Hardouin DE PÉRÉFIXE, archevêque de Paris, tourné à gauche, ovale, 1663.
Louis PHELIPPEAUX de la Vrillière, secrétaire-d'État, 1662. 7 Pièces.

207 Claude REGNAUDIN DE BEVEN, procureur général, 1658. *Epr. avant le guillemet.*
Claude THEVENIN, 1653.
Claude THEVENIN, chanoine, 1657.
Michel LE TELLIER, d'après Ph. de Champaigne.
Michel LE TELLIER, ministre secrétaire-d'État, 1661. *Épreuve très-fatiguée et rognée.*
Frédéric-Maurice DE LA TOUR-D'AUVERGNE, 1649.
Geoffroy-Maurice DE LA TOUR-D'AUVERGNE, 1657.
DE LA VALLETTE, duc d'Épernon, *avant l'année* 1650.
8 Pièces.

EDELINCK (Gérard), *né à Anvers en 1639.*

208 Grandes Thèses avec le Portrait de Louis XIV; autre avec le Portrait de Colbert; autre gravée par Poilly.

209 Portrait de Le Tellier, archevêque de Reims; Ferdinand, évêque de Paderborn; Fléchier, évêque de Nismes; Nicolas Blampignon, docteur de Sorbonne; Pompone de Bellièvre, et P.-V. Bertin, conseiller du Roi. 6 Pièces.

AUDRAN (Gérard), *né à Lyon en 1640.*

210 Le Baptême de Jésus-Christ; et Pyrrhus sauvé, d'après Poussin. *Épreuves fatiguées.* 2 tr.-gr. Pièces.

211 Fragmens des Batailles d'Alexandre, d'après Le Brun. 9 Pièces.

212 Fragmens du plafond de la petite galerie des appartemens de Versailles, d'après Le Brun, *avant et avec la lettre:* plus, la Voûte du Pavillon de Sceaux. 5 P.

213 La Peste d'Eaque, d'après Mignard. *Belle Épreuve*, avec la Junon.

214 Martyre de saint Étienne, d'après Le Brun; la Peste d'Eaque, d'après Mignard, etc. 4 Pièces.

LAIRESSE (Gérard), *né à Liége en 1640.*

215 Différens Sujets, dont sainte Thérèse; plusieurs sujets de Bacchus; les quatre Saisons; des Frontispices, etc. Quelques sujets gravés d'après lui. 24 Pièces.

AUDRAN (Jean), *né à Lyon en 1667.*

216 Les Batailles d'Alexandre, d'après Lebrun. *Sans marge.* 6 Pièces.

DREVET (Pierre-Imbert), *né à Paris en 1699.*

217 Portraits de Louis XIV et de Samuel Bernard. 2 P.

218* Portrait en pied de Bossuet, *Épreuve sans point.* Il y a eu un pli au milieu.

219 Portraits des Cardinaux de Fleury, de Beauvau, de

PIRANESI.

Vintimille et Dubois; ceux de Zinzindorff, de Cotte, Rigaut, etc. 12 Pièces.

PIRANESI (Jean-Baptiste), *né à Rome en 1707.*

220 Le Antichita Romane di Giamb. Piranesi archit. venn., etc. 4 vol. dos de parch. vert, tirage de Rome.

221 OEuvres variées d'Architecture de Jean-Baptiste Piranesi, dont les Prisons, les Trophées d'Auguste, etc. 97 Pl. 1 vol. in-fol. dos de parch. vert.

222 Racolta di alcuni disegui del Barbieri da Cento detto il Guercino. Incisi in rame da Gio.-Bat. Piranesi. 1 vol. in-fol. dos de parch. vert, tirage de Rome.

223 Plusieurs Vases, Candelâbres, Ornemens et Vues de Rome. 2 vol. gr. in-fol. à dos de parch. vert.

LEBAS (Jacques-Philippe), *né à Paris en 1708.*

224 Ports de France, d'après Vernet, *Épreuves fatiguées,* et une double. 9 Pièces.

WILLE (Jean-Georges), *né à Kœnisberg en 1715.*

225* Portraits de M. de Marigny et du Peintre Massé, d'ap. Toqué. 2 Pièces.

226 Les Offres réciproques, et les Musiciens ambulans. 2 Pièces.

WOOLLETT (Guillaume), *né à Maidstone en 1735.*

227* La Mort du Général Wolff, d'après West. Belle Epr. avec quelques taches jaunes.

228* Une Scène de Macbeth, d'après Zuccarelli.

PORPORATI (Charles), *né à Turin en 1740.*

229 Susanne au bain, gravée en 1773, d'après Santerre. *Belle Épreuve.*

MOREAU et autres, *Paris,* 1741.

230 Le Sacre de Louis XVI, d'après Moreau; et plusieurs Cérémonies et Fêtes publiques, d'après Cochin. *Épreuves fatiguées.* 9 Pièces.

HELMAN (Isidore-Stanislas), *né à Lille en 1743.*
231 Les Batailles de la Chine. 12 Pièces.

DENON (vivant), *né à Mâcon, vers 1745?*
232 Portraits, Paysages, Études et Croquis, à l'eau-forte et lithographiés. 37 Pièces.

PONCE (Nicolas), *né à Paris en 1746.*
233 Les illustres Français, etc., d'après les Dessins de Marillier. Paris, 50 Pl.

INGOUF (François-Robert), *né à Paris, vers 1747?*
234* Canadiens au Tombeau d'un de leurs enfans, d'après Barbier. *Épreuve avant la lettre.*
235* Le Braconnier et le Retour du Laboureur, d'après Benrazech. *Épr. avant la lettre.*

PIRANESI (François), *né à Rome, vers 1748.*
236 Il Teatro d'Ercolano, da Francesco Piranesi. 9 Pl. 1 vol. in-fol. dos de parchemin vert.
237 Recueil de Statues antiques, gravées par François Piranesi. 45 Pl. 1 vol. in-fol. dos de parch. vert.
238 Schola italica Picturæ, etc., cura et impensis Gavini Hamilton. Roma, 1773, 40 Pl. 1 vol. in-fol. dos de parch. vert.

MORGHEN (Raphael), *né à Naples, vers 1750.*
239* Repos en Égypte, et le Temps faisant danser les Heures, d'après Poussin.
240* La Transfiguration, d'après Raphaël. *Épr. avec la lettre tracée.* Une forte mouillure dans le bas à gauche.
241* Portrait de Fr. de Moncade à cheval, d'après Van Dyck.
242 Portraits de l'Arioste et du Tasse, d'après P. Eremini. 2 Pièces.

TARDIEU (Pierre-Alexandre), *né à Paris en 1756.*
243 Saint Michel terrassant le Démon, d'après Raphaël; tiré du Musée Français. *Épr. tachée de jaune.*

BERVIC (Jean-Guillaume), *né à Paris en 1756.*

244 Enlèvement de Déjanire, d'après Guido Reni. *Epr. avant la lettre.*

DUPLESSIS-BERTAUX (Jean), *né à Paris en 1760.*

245 Eaux-Fortes pour l'Histoire de la Révolution et les Campagnes d'Italie. 37 Pièces.

246 Eaux-Fortes des Sujets servant de soubassement aux Portraits des Personnages célèbres dans la Révolution; autres pour les Fastes de la Révolution, etc. 56 Pièces.

ANDRIEU (Bertrand), *né à Bordeaux en 1760?*

247 Un Jeu de Cartes gravées sur acier, lesquelles n'ont pas été mises dans le commerce.

ROGER (Barthélemy), *né à Lodève en 1760?*

248 L'Amour séduit l'Innocence, d'après Prudhon.

NIQUET (Cl.), *Paris? 1760?*

249 Six Compositions historiques relatives à la Révolution, dont une seule avec la lettre; Portrait de Marie-Louise en pied, etc., en tout 8 Pièces.

250 Paysages, d'après Salvator Rosa et d'après Swanevelt. 2 *Epr. avant la lettre*, tirées du Musée Laurent.

AUDOUIN, *Paris, 1760?*

251 Une Nymphe se tirant une épine du pied, d'après Raphaël. *Epr. avant la lettre.*

DUPARC, *Paris? 1760?*

252 Paysages, d'après Swanevelt et Carle Du Jardin. *Epr. avant la lettre*, tirées du Musée Laurent. 2 Pièces.

NORMAND (Charles), *né à Roy en 1764.*

253 Gravures faites pour les Annales du Musée, publiées par Landon. La plupart *Epreuves avant la lettre.* Suite non coupée, où il se trouve six Sujets sur chaque Planche. 84 Planches.

GIRARDET (Abraham), *né à Neufchâtel en 1764.*

254 Le Centaure vaincu par l'Amour, *Epreuve avant la lettre*, et le Tombeau de Louis XVI, médaillon.
255 Cérémonie du Champ-de-Mai, Pièce gravée pendant les Cent-Jours, et qui n'a pas été terminée. *Rare.*
256 Frontispice pour la première édition de la Description de l'Égypte, grav. par Reville, Girardet et Sellier, d'après le Dessin de Cécile et Lafitte, quoique le nom de ce dernier ait été omis. 2 Épreuves, dont une non terminée. 2 Pièces.
257 Vignette pour le Brevet d'officier de la Garde-Nationale :

    1.° Epreuve à l'eau-forte ;
    2.° Epreuve sans auréole ;
    3.° Avec l'auréole, mais avant les noms d'artistes ;
    4.° Avec les noms d'artistes, mais avant les devises ;
    5.° Avec les devises et la qualité de *premier dessinateur du Cabinet du Roi*, à la suite du nom de M.r Lafitte ;
    Le même état sur *papier de Chine* ;
    6.° La Planche entière avec la lettre ;
    Le même état sur *papier de Chine*, mais avec des taches sur la lettre. 8 Pièces.

258 Quatre Vignettes et un Fleuron pour la Rosière. 1816. Épr. à l'eau-forte et *avant la lettre.* 4 Pièces.

PILLEMENT père et fils.

259 Une Vue de Mereville terminée, et une autre ; plus, trois Paysages à l'eau-forte. 5 Pièces.

FREY (Jacques-P. de), *né à Amsterdam en 1770.*

260 Isaac donnant sa bénédiction à Jacob, d'après Flinck ; Tobie et son Fils à genoux au moment du départ de l'Ange, d'après Rembrandt ; le Samaritain ;

un Cénobite lisant; Portraits d'un Architecte de la Marine et de sa Femme. Toutes ces Épr. *avant la lettre.* Les Syndics de la Halle au drap en 1661, d'après Rembrandt, *avant et avec la lettre;* Démonstration anatomique faite par Nicolas Tulp en 1632, d'après Rembrandt. Épr. *avant la lettre* et la petite Pl. au trait. 9 Pièces.

261 Portraits de Gérard Dow, *avant la lettre;* Corneille Van Dalen, *avec la lettre;* le Pape Pie VI, *avant et avec la lettre.* Plusieurs autres Portraits, d'après Rembrandt et autres. 11 Pièces.

PAUQUET et MECOU, *Paris, 1770?*

262 La Revue du premier Consul, *première Epr.* avec le haut du dôme des Tuileries: sur la marge est l'offrande et la signature du dessinateur M.' Isabey.

CARDON (Antoine), *Londres? 1770?*

263 Trophée où sont groupés les médaillons des Généraux anglais de l'armée d'Égypte en 1801, d'après P.-J. de Loutherbourg. *Epr. avec la lettre tracée.*

BOURGEOIS (Constant), *Paris, 1770?*

264 Différentes Vues de Suisse et autres, lithographiées de 1817 à 1820. 21 Pièces.
265 Études d'Arbres, lithog. en 1819 et 1820. 24 Pièces.
266 Études diverses pour le Paysage, lithog. *Suites incomplètes.* 22 Pièces.

CHAMPCOURTOIS (L.), *né à Nantes, vers 1770?*

267 Plusieurs Paysages *avant la lettre.* 7 Pièces.

LAFITTE (Louis), *né à Paris en 1770?*

267 *bis.* Recueil complet des Gravures faites d'après les Dessins de M. Lafitte, dont partie des Annales du Musée; Principes de Dessins, Têtes d'Étude, les Fêtes pour le retour du Duc d'Angoulême, plusieurs Portraits

et un grand nombre de Vignettes pour différens ouvrages. *Epr. à l'eau-forte, terminées et avec des différences.* 3 Portefeuilles et 1 Rouleau, contenant en tout 568 Pièces.

268 Recueil de Gravures, contenant plusieurs Eaux-Fortes par Mr Lafitte; quelques-unes de Détails d'Architecture de l'arc-de-triomphe du Carrousel; des Monumens de la France, par Mr Bance; des Peintures de Vases grecs, et divers Ouvrages d'Architecture. 1 vol. grand in-fol. dos de parch. vert.

PIRINGER (BENOIT), *né à Vienne en 1774.*

269 Les quatre Heures du Jour, d'après Claude Lorrain. Il se trouve une Epr. du matin à l'eau-forte. 5 Pièces.

270 Passage du Roi sur le Pont-Neuf, le 3 mai 1814. *Epreuve à l'eau-forte, et terminée au lavis.* 2 très-grandes Pièces.

271 Quatre Paysages au lavis, d'après Thiénon, et un Mariage dans une Chapelle gothique. *Epr. avant la lettre.* 5 Pièces.

MASSARD père, et son fils FÉLIX.

272 Ravissement de saint Paul, d'après Dominique Zampieri; le Concert, d'après Valentin. *Epr. avant la lettre.* Tirées du Musée Laurent.

MASSARD (JEAN-BAPTISTE-RAPHAEL-URBAIN), *né à Paris en 1775.*

273* Sainte Cécile, d'après Raphaël. *Epr. avant la lettre.*

274 Hippocrate refusant les présens d'Artaxerce, d'après Girodet. *Epr. avant la lettre.*

275 Sépulture d'Atala, d'ap. Girodet. *Epr. avant la lettre,* et sur laquelle se trouve la signature du graveur.

276* Le Pardon, d'après Landon.

277 Louis XVIII, d'après Gérard. *Prem. Epr.,* avant

qu'on ait mis dans les angles du bas de la bordure deux estampilles représentant une fleur de lis, et sur laquelle est la signature du peintre M.ᵣ Gérard.

RAIMBACH (ABRAHAM), *né en Suisse, vers 1775 ?*

278 Le Colin-Maillard, d'après Wilkie. Epr. sur pap. de Chine, *avec la lettre tracée.*

FORSTER (FRANÇOIS), *né en Suisse, vers 1775.*

279 L'Aurore et Céphale, d'après Guérin; Statues de Germanicus et de Marsyas dans la galerie de Florence. 2 Pièces.

RIBAULT (J.-F.), 1778?

280 Une des Heures, d'après Raphaël; saint François, d'après Ribera; Marcus-Sextus, d'après Guérin, Sainte-Famille, d'après Cantarini, et Frontispice, d'après Lafitte. *Epr. avant la lettre.* 6 Pièces.

281 Une Nymphe et un Faune en repos, d'après Vander Werff; deux Epreuves avec les noms d'artiste tracés à la pointe, une des deux sur papier de Chine. Gravures faites pour le Musée Laurent.

282 Une Femme accordant sa guitare, d'après Metzu; une épreuve avec les noms d'artiste à la pointe, et l'autre avec ces noms au burin. 2 Pièces tirées du Musée Laurent

283 Louis XVI et sa Famille au ciel, d'après Chasselat; Médaillons de Henri IV et Louis XVIII, d'après Lafitte; deux épreuves, dont une sur papier de Chine. Portrait de Mercier en caricature; Vue de Cachemire. *Deux Epreuves, dont une avant la lettre.* 6 Pièces.

284 Vignettes, d'après Moreau, pour les Œuvres de Voltaire, *Epreuve avant la lettre.* 11 Pièces.

285 Quatre Vignettes, d'après les Dessins de Desenne. *Epreuve avant la lettre.* 2 Pièces.

286 Figures d'après les Dessins d'Isabey, pour le Sacre de Napoléon, savoir :

Napoléon en petit habit : 2 Epreuves, une à l'eau-forte, l'autre *avant la lettre* et sur papier de Chine.

Joséphine, *Epreuve avant la lettre* et sur papier de Chine.

Le Grand-Juge, *Epreuve avant la lettre*.

Un Ministre, deux Epreuves, une à l'eau-forte et l'autre *avant la lettre*.

Un Président de Canton, *Epreuve avant la lettre*. En tout 7 Pièces.

287 Figures d'après les Dessins d'Isabey, pour le Sacre de Napoléon :

Un Président de Canton, *Epreuve avant la lettre*.

Napoléon en grand habit, gravé par Malbeste et Dupréel. *Epreuve avant la lettre*.

Le Pape, gravé par L. Petit. Epreuve non terminée et coupée.

Un Président de Canton, gravé par Ribault. *Epreuve avant la lettre*. 4 Pièces.

288 Van Dyck et sa Maîtresse. *Epreuve avant la lettre*; gravés par J.-F. Ribault, en 1820, et Properzia de Rossi sculptant son dernier ouvrage, gravé par Sixdeniers. 2 Pièces de la Société des Amis des Arts.

289 Portrait de La Fontaine, d'après Rigault. *Epreuve avant toutes lettres*, et une avec les noms d'artistes seulement. 2 Pièces.

290 Portrait de Bernardin-de-Saint-Pierre. Epreuve *avant* et avec la lettre. 2 Pièces.

291 Portrait de Collin d'Harleville, d'après Lafitte. *Epr. avant toutes lettres*, et deux avec les noms, dont une sur papier de Chine. 3 Pièces.

292 Portrait de Marie-Louise, d'après le buste fait à Com-

piègne, par Bosio. Trois Epreuves, une *avant* les noms d'artiste, deux avec ces noms, dont une sur papier de Chine. 3 Pièces.

RIBAULT (Auguste).

293 Tableaux, Médailles, Antiquités, etc., gravés à l'eau-forte et lithographiés. 21 Pièces.

RIBAULT (Julie).

294 Plusieurs Vignettes gravées d'après les Dessins de Mlle Ribault. Une Portrait de Femme, lithographié par elle, et le Jugement dernier, d'après Michel-Ange, gravé à l'eau-forte par Mlle Ribault. 8 Pièces.

RAUSONNETTE (N).

295 Vues de Monumens d'architecture, tirées du Voyage de Syrie, par Cassas. *Epreuve avant la lettre.* 12 P.

DESNOYERS (Auguste-Boucher), *né à Paris en 1779.*

296* Eliézer et Rébecca, d'après Poussin.

297* La Vierge au Donataire, d'après Raphaël.

298 La Vierge au Poisson, d'après Raphaël. *Epreuve avec la lettre tracée.*

299 Bélisaire, d'après Gérard; l'Epreuve a une *tache de mouillure* dans un angle du bas, à gauche.

300 Portrait de Napoléon: Epreuve du 2.e tirage *avec l'estampille du Ptolemée.*

BANCE. *Paris? 1780?*

301 Vues de Naples et autres endroits d'Italie; grandes pièces gravées à l'eau-forte. 9 Pièces.

302 Plusieurs Vues de France, tirées de l'ouvrage de M. Alex. De Laborde. 5 Pièces.

CHATILLON et autres. *Paris, 1780.*

303 Sainte-Famille, d'après Jules-Romain, gravé par Chatillon; Triomphe de l'Amour, d'après Domini-

quin, par Potrelle; Mort de Clorinde, d'après Lassa, par Kruger; Sainte-Famille, d'après Paul Cagliari, par Boutrois. *Epreuves avant la lettre.* Tirées du Musée Laurent. 4 Pièces.

AVRIL (JEAN-JACQUES), *né à Paris, vers 1780?*
304 Vénus sortant du bain, et l'Espérance; Statues antiques du Musée Laurent. *Epr. avant la lettre.* 2 P.

ANTOLINI (JEAN), *Milan, 1780?*
305 Plans et Élévations du Forum Bonaparte, à Milan; gravés au lavis. 12 très-grandes Pièces.

SMIRKE (R.), *Londres? 1785?*
306 Vignettes pour une Edition in-4.° de Gil-Blas, gravées par Neagle, Smith, Parkes et autres. 24 Pièces dans un petit portefeuille à dos de maroquin.

RICHOMME (JOSEPH-THÉODORE), *né à Paris en 1785.*
307 Adam et Eve, gravés en 1814, d'après Raphaël.
308 Les cinq Saints, d'après Raphaël, *Epr. avant la lettre.*
309 Triomphe de Galathée, d'après Raphaël; *avant les noms du graveur de lettre* dans le bas à droite.
310 La même Pièce, Epreuve ordinaire.

LIGNON (ÉTIENNE-FRÉDÉRIC), *né à Paris en 1785.*
311 La Vierge au Poisson, d'après Raphaël. *Epr. avant la lettre.*

LAUGIER (J.-N.), *né à Toulon en 1785.*
312* Daphnis et Chloé, d'après Hersent.

RUHIERRE (EDME-JEAN), *né à Paris en 1789.*
313 Frontispice pour la seconde édition de la Description de l'Egypte, d'après Lafitte. 2 Epreuves, dont *une sur papier de Chine.*

NORMAND (LOUIS-MARIE), *né à Paris en 1789.*
314 Vues de différentes parties du Musée des Monumens

français, gravées au trait d'après les Dessins de J.-E. Biet. 40 Planches.

LAURENT (Henri), *né à Paris, vers 1790.*

315 La Communion de saint Jérôme, d'après Dominique Zampiéri, Epreuve *avant la lettre.* Tirée du Musée Laurent.

VILLENEUVE (Jules-Louis-Frédéric), *né à Paris en 1797?*

316 Vues de Beauvais, de Poissy, de la Roche-Guyon, etc. Intérieur des Eglises de Saint-Gervais et de Saint-Germain, à Paris. 9 Pièces lithographiées.

DEVÉRIA (Achille), *né à Paris en 1800?*

317 Portraits de Corneille, Racine, Molière, Boileau, La Fontaine et Descartes. *Epreuves avant la lettre,* et sur papier de Chine. 6 Pièces.

318 Portraits de Louis XIV, Condé, Turenne, La Rochefoucaud, Bossuet, Mme de la Vallière et Mme de Maintenon, *Epreuve avant la lettre* et sur papier de Chine. 7 Pièces.

319 Portraits pour les Lettres de Mme de Sévigné, *Epr. avant la lettre* et sur papier de Chine. 12 Pièces.

320 Vignettes pour les Œuvres de Rabelais, Portraits en pied de Vertot et de Châteaubrillant, etc. *Epreuve avant la lettre* et sur papier de Chine. 15 Pièces.

321 Vignettes pour les Œuvres de Rousseau. *Epr. avant la lettre* et sur papier de Chine. 16 Pièces.

REVILLE.

322 Quatre Vues de l'ancien Musée des Monumens français, aux Petits-Augustins. *Epr. avant la lettre,* etc. 9 Pièces.

ADAM (P.).

323 La Maladie de Las-Casas, d'après Hersent. Estampe gravée pour la Société des Amis des Arts.

GARNIER.

324 Orphée et Euridice, d'après Drolling; Estampe pour la Société des Amis des Arts.

FORTIER.

325 Une Forêt vierge du Brésil, d'après M. de Clarac.

MELLING.

326 Vues de Constantinople et du Bosphore, par Reville, Pillement, Née et Duparc. *Epr. avant la lettre.* 8 P.

COUCHÉ fils.

327 La Bataille d'Austerlitz, d'après Gérard; plusieurs Vues d'un Voyage autour du Monde; les Batailles de Marengo, Friedland, Iéna, etc. 38 Pièces.

DEQUEVAUVILLIERS fils.

328 Portrait du Cardinal de Bausset, sur papier de Chine, *la lettre tracée*; La Fontaine, sur papier de Chine, *avant la lettre*; deux autres Portraits aussi *avant la lettre*. 4 Pièces.

COUPÉ.

329 Vignettes, d'après les Dessins de Desenne. *Epr. avant la lettre.* 4 Pièces.

MIGNERET et autres.

330 La Femme charitable, d'après Metzu, par Migneret; une Femme tenant un coq, d'après Gérard Dow, par Gerault; un Cavalier faisant l'aumône, d'après C. du Jardin, par Schroeder et Le Roux. *Epr. avant la lettre*, tirées du Musée Laurent. 3 Pièces.

CALMÉ.

331 Suite de Vignettes gravées au trait, pour orner les OEuvres de Racine. 57 Pièces.

MULLER (H.-Ch.).

332 Portrait de Sélim III, d'après Lemoine, pour servir de Frontispice au Voyage dans le Bosphore, par M. Melling. *Epr. avant la lettre.*

MULLER.

333* Portrait de Leramberg, celui de Galloche, et la tendre Mère. 3 Pièces.

CARON et autres.

334 Amazone blessée, gravée par Caron; Érato, gravée par Sixdeniers, et deux Bustes romains, gravés par Garnier. *Epr. avant la lettre*, tirées du Musée Laurent. 3 Pièces.

HUBERT (Azelie).

335 Vignettes, Figures diverses, Études gravées au pointillé.
336 Diverses Estampes anciennes de l'École d'Italie. 235 P. *Cet article sera divisé.*
337 Diverses Estampes de l'École Flamande. 87 Pièces.
338 Diverses Estampes de l'École Française. 44 Pièces.
339 Diverses Estampes de l'École moderne. 144 Pièces. *Cet article sera divisé.*
340 Plusieurs Estampes non décrites *seront divisées* sous ce numéro.

PLANCHES.

341 Le Jugement dernier, gravé au trait d'après Michel-Ange, par Mlle Julie Ribault.
342 La Toile de l'Odéon, où se trouve la figure d'Apollon, et plusieurs autres Sujets de diverses grandeurs. 6 Planches.
343 Études de Figures tirées de Monumens antiques, et qui ont paru dans un ouvrage publié par M. Baltard, sous le titre d'*Atheneum*. 11 Planches de diverses grandeurs.
344 Figures diverses, tirées de Monumens antiques, pour un ouvrage projeté par MM. Lafitte et Normand père. 5 Planches.
345 Trois Groupes, représentant chacun quatre Mendians,

d'après les Dessins de M. Lafitte, et gravés par M. Normand père. 3 Planches.

346 Compositions pour une Fête donnée en Angleterre à Lord Wellington, gravées par M.lle Ribault, d'après les Dessins de M. Lafitte. 3 Planches.

347 Fêtes en l'honneur du Duc d'Angoulême, à son retour d'Espagne à Paris. 20 Pl., et environ 100 exemplaires des 12 premières avec le titre et l'enveloppe.

Cet Ouvrage n'était pas encore publié, et les Dessins se trouvent décrits sous le n.° 85.

348 Broderies pour différentes parties d'habits d'officiers civils de la Maison du Roi. 5 Planches de différentes grandeurs. *Voy.* n.os 441 et 442.

CURIOSITÉS.

349 Collection de Médailles romaines et du Bas-Empire. 6 cartons contenant 426 Pièces, dont 15 en argent. Dans le nombre, il s'en trouve plusieurs d'une médiocre conservation.

350 Collection de 1,300 Empreintes de médailles grecques en soufre coloré, placée dans 28 cartons en papier vert, bordés en parchemin.

351 Médailles de Louis XIV, Louis XV, Louis XVI, et Médailles étrangères. 33, dont 2 en argent.

352 Médailles de Napoléon. 40, dont 5 en argent.

353 Médailles de Louis XVIII; 86 dans trois cartons.

354 Dix-huit Médailles du règne de Charles X.

355 Galerie métallique des Hommes célèbres, français et étrangers; plus, un grand Médaillon de Louis XIV, par Berinet en 1686. 27 Pièces.

356 Un Carton contenant 56 Médailles et Jetons divers en bronze.

357 Diverses Médailles, 19; Médailles doubles, 13.

CURIOSITÉS.

358 Quatre Médaillons en bronze, par M. Depaulis.
359 Cinq Cadres contenant divers Clichés, par MM. Duprés, Galle et Depaulis.
360 Deux Cartons contenant 41 Clichés de Médailles modernes, par MM. Galle, Gatteaux, Depaulis, etc.
361 Monnaies de France. 2 cartons contenant 144 Pièces, dont 14 en argent et 32 en billon.
362 Monnaies d'Angleterre. 1 carton contenant 55 Pièces, dont 36 en argent.
363 Monnaies d'Espagne et d'Italie, de Turquie et de l'Inde. 5 cartons contenant 126 P., dont 18 en argent.
364 Monnaies de Russie et d'Autriche. 1 carton contenant 70 Pièces.
365 Collection de 900 Empreintes en plâtre, de diverses pierres gravées, contenues dans six boîtes de carton avec leur couvercle.
366 Collection de 45 Moules en plâtre de plusieurs Médaillons des Rois de France; 10 Empreintes aussi en plâtre, de Médailles modernes, et 15 Empreintes de Médailles en soufre du règne de Napoléon.
367 Buste en marbre de M. Pecoul, de grandeur naturelle.
368 Une Chèvre allaitant son Petit, et une Chèvre étranglée par une Lionne. Deux groupes en terre cuite, par Clodion.
369 Deux Vases d'albâtre.
370 Modèle en plâtre de l'Aiguière et du Plateau qui ont été faits pour le Sacre, d'apr. les Dessins de Mr Lafitte.
371 Plusieurs Statues moulées sur l'antique, dont Vénus de Médicis, l'Apolline, Flore, Minerve, etc.
372 Plusieurs Bustes d'après l'antique, dont Apollon et Diane; Tête de Niobé, du Laocoon, Démosthène, etc.
373 Plusieurs Bustes modernes, dont: Diane de Poitiers,

CURIOSITÉS.

moulée sur sa statue, Mignard, le Roi Charles X, M.' Denon, etc.

374 Plusieurs Études de Pieds, de Mains, etc. Quelques-unes moulées sur nature.

375 Quelques Peintures sur verre et divers Fragmens. 22 Morceaux.

376 Quelques Oiseaux empaillés, Bartavelles, Perdrix, etc., avec leur cage en verre.

377 Plusieurs Papillons et autres Insectes, dans des boîtes avec un verre.

378 Environ 150 Coquilles de différens genres. *Cet article sera divisé.*

379 Plusieurs Échantillons de Mines de fer de l'île d'Elbe et autres; Bois pétrifié, Marbres, Albâtre, etc. *Cet article sera divisé.*

380 Plusieurs Agates, Cornalines, et autres Pierres de diverses natures.

381 Modèle d'une Corvette avec ses agrès.

382 Compas avec ses pointes de rechange, et un autre dans un petit étui.

383 Un Étui de mathématiques en acajou, contenant trois compas avec leurs pointes de rechange; une équerre, une mesure, etc., de chez Hubert.

384 Divers Pinceaux à laver, Palettes en ivoire, etc.

385 Plusieurs Flacons et différens Paquets de couleurs.

386 Or en feuilles : 2 paquets composés de chacun 240 cahiers, contenant 24 feuilles, de la fabrique de G.-H. Benda.

387 Plusieurs Cadres et Passe-Partout seront divisés sous ce numéro.

388 Plusieurs Portefeuilles seront divisés sous ce numéro.

389 Plusieurs Boîtes à couleurs, Palettes, des Toiles de diverses grandeurs, des Règles, équerres, etc., seront divisées sous ce numéro.

390 Différens Objets non décrits dans le Catalogue seront divisés sous ce numéro.

OUVRAGES A FIGURES.

Peinture.

391 Annales du Musée et de l'Ecole moderne des Beaux-Arts, etc., par Landon. Paris, 1800, in-8.°, tome 1 à 16, et le tome complémentaire. — Seconde Collection, partie ancienne, 1810, tomes 1, 2 et 3. — Galerie Giustiniani, 1812. — Sallons de 1808, 1810 et 1812. En tout 24 vol. reliés en veau, filets.

392 Les Annales, tomes 1 à 4, reliés en veau.

393 Vie et Choix des OEuvres de Léonard-de-Vinci, Titien, Guido-Reni et Paul-Véronèse, gravés au trait, par C. Normand, Réveil et autres. in-fol., papier vél. cartonné.

394 Le Pausanias français ; Etat des Arts, du Dessin, en France, à l'ouverture du XIX.° siècle ; Salon de 1806. Paris, *Buisson*, 1806, in-8.° basane.

395 The Microcosm of London, etc., avec 104 Figures coloriées, d'après les Dessins de Pugin et Rowlandson, publié chez Ackerman, gr. in-4.°, papier vélin, 3 vol., dos de cuir de Russie.

396 Microcosm, ou Dessins de Figures et Groupes représentant diverses actions de l'Agriculture ou des Manufactures, pour l'embellissement des Paysages, par W. H. Pyne. Londres, 1803, vol. I.er, in-folio. oblong, cartonné.

397 Monumens des Victoires et Conquêtes des Français ; Recueil de tous les Objets d'arts consacrés à célébrer les victoires des Français, de 1792 à 1815. Paris, 1822, in-fol. oblong, dos de maroquin.

398 Principes élémentaires de Dessin et d'Anatomie, à l'usage des Lycées, etc., par Louis Lafitte. Paris, in-fol. dos de mouton. 24 Planches.

Sculpture.

399 Musée de Sculpture antique et moderne, par M.^r le Comte de Clarac. Paris, 1827, grand in-4.°; les Planches gravées au trait, par Victor Texier. 3 livr.

400 Monumens de Sculpture anciens et modernes, publiés par Vauthier et Lacour. Paris, 1822, in-fol. dos de mouton maroq.

401 OEuvre de Canova; Recueil de Gravures d'après ses Statues et ses Bas-Reliefs, exécutées par Mr Réveil, accompagné d'un texte, par Mr H. De Latouche. Paris, 1825, gr. in-8.° pap. vél. dos de veau, plat en papier gaufré.

402 Recueil de Monumens antiques, la plupart inédits et découverts dans l'ancienne Gaule, etc., par Grivauld-de-la-Vincelle. Paris, 1817, in-4.°, avec 42 Planches. 2 vol. en un, dos de veau.

403 La Colonne de la Place Vendôme, contenant les détails des Bas-Reliefs qui décorent cette Colonne, etc., gravée par Baltard, en 145 Planches. Paris, 1810, 1 vol. pap. vél. grand-aigle, dos de veau.

Cet Ouvrage n'a jamais été publié; il n'en existe dans le commerce qu'un très-petit nombre d'exemplaires, qui ont été donnés à quelques personnes.

L'édition entière se trouvait encore avec les planches à la calcographie du Musée en 1814; il est à présumer qu'elle a été anéantie.

404 Description de l'Arc-de-Triomphe de l'Étoile et des Bas-Reliefs dont ce monument est décoré : composés et exécutés par L. Lafitte. Paris, 1810, in-4.° oblong, avec 10 Pl. gr. au trait. *Environ 250 Exemplaires.*

OUVRAGES A FIGURES.

Architecture.

405 Nouveau Parallèle des Ordres d'Architecture des Grecs, des Romains et des Auteurs modernes, dessiné et gravé au trait par Charles Normand. Paris, 1819, in-fol. cartonné.

A la suite se trouvent deux Planches ajoutées à l'Édition de cet ouvrage, publiée en Angleterre par Pugin.

406 Géométrie contenant la théorie et pratique d'icelle, nécessaire à la fortification, par Sam. Marolois. La Haye (1614).

Œuvres mathématiques traictant de Géométrie, Perspective, Architecture et Fortification, par Samuel Marolois, auxquels sont ajoints les fondemens de la Perspective, par J. Vred. Vriese. La Haye, 1614. 2 vol. in-fol. oblong en parch. vert. *Plusieurs pages défectueuses.*

407 Traité des manières de dessiner les Ordres de l'Architecture antique, etc., par A. Bosse. Paris, in-fol. veau.

408 Manière de bien bastir pour toutes sortes de personnes, par Pierre Le Muet, etc. Paris, 1647, in-fol. parch.

Ordonnance des cinq espèces de Colonnes, selon la méthode des Anciens, par M. Perrault, etc. Paris, 1683, in-fol. veau.

409 Recueil de Gravures, dans lequel se trouvent : Livre d'Architecture, par J. de la Joue ; Cartouches et Chiffres, par divers ; Études de chasse et d'animaux, par Ridinger. 1 vol. in-fol. cart.

410 Cours d'Architecture enseignée dans l'Académie, etc., par François Blondel, première partie. Paris, 1675, in-fol. veau.

411 Choix d'Architecture ancienne et moderne de la ville

OUVRAGES A FIGURES.

de Florence, etc., par Ferd. Ruggiéri. Florence, 1755, in-fol. Tom. I à III, et la première partie du Tom. IV, dos de veau.

412 Description historique de l'Hôtel royal des Invalides, par l'Abbé Perau, avec des Fig. grav. par Cochin. Paris, 1756, in-fol. veau.

413 Du Génie de l'Architecture, par J.-A. Coussin, architecte. Paris, 1822, in-4.° avec 60 Pl. gr. au trait, cart.

414 Le Vignole des Ouvriers, ou Méthode facile pour tracer les cinq ordres d'architecture, etc., avec 34 Pl., par Charles Normand. Paris, 1821, gr. in-4.° cart.

415 Vues pittoresques et perspectives des Salles du Musée des Monumens français, etc., par MM. Reville et Lavallée, d'après les Dessins de M.' Vauzelle. Paris, 1816, gr. in-fol. pap. vél. dos de veau.

416 Plans du Palais de la Bourse de Paris et du Cimetière Mont-Louis, en 6 Planches, par Al.-Th. Brongniart. Paris, 1814, cart.

417 Palais, Maisons et autres Édifices modernes, dessinés à Rome (par MM. Percier-Fontaine et Bernier). Paris, 1798, in-fol. veau.

418 Architecture moderne de la Sicile, ou Recueil des plus beaux Monumens religieux, etc., mesurés et dessinés par J. Hittorff et L. Zanth. Paris, Liv. 1 à 13, in-fol.

Musique.

419 Partitions de la Gazza ladra, Tancrède, le Barbier de Séville, et l'Élisabeth, par Rossini, arrangées pour le piano. 4 vol. cart. en pap. maroq.

420 Partitions de la Clémence de Titus, par Mozard, le Mariage secret, par Cimarosa, et l'Agnese, par Paer, arrangées pour le piano. 3 vol. cart. en pap. maroq.

OUVRAGES A FIGURES.
Portraits, Histoire, etc.

421 L'Europe illustrée, etc., par Dreux du Radier, avec des Portraits gravés par Odieuvre et autres. Paris, 1765, in-4.° 6 vol. veau. *Manque le Tome I.*

422 La Science héroïque, par Vulson de la Colombière. In-fol. veau, exempl. fatigué, et défectueux du titre.

423 Monumens de la Vie privée des douze Césars, d'après une suite de Pierres et de Médailles gravées sous leur règne (50 Planches). Capreus, 1752, in-8.° bas.

424 Fastes de la Nation française, etc., par Ternisien-d'Haudricourt. Paris, 1804, in-4.° rel. en mar., dor. sur tr.

425 Le Temple de la Gloire, ou les Fastes militaires de la France depuis le règne de Louis XIV jusqu'à nos jours, par le général Aug. Jubé. Paris, 1819, 2 vol. in-fol., papier vélin cartonné; les Figures d'après les Dessins de Martinet.

426 Fêtes à l'occasion du Mariage de S. M. Napoléon avec Marie-Louise, etc., par Goulet. Paris, Soyer, 1810, in-8.° demi-reliure, dos de veau.

427 Sacre de Sa Majesté Charles X, dans la cathédrale de Reims, le 29 mai 1825; lithographié par Adam, Arnoult, Devoy, etc. Paris, 1825, in-folio.

428 Histoire abrégée de la Vie et des Exploits de Jeanne-d'Arc, surnommée la Pucelle d'Orléans, etc., par M.' Jollois. Paris, 1821, in-folio, papier vélin. 12 Pl.

429 Figures de la Bible, par Mathieu Merian. Francfort, 1627, in-4.° obl., dos de veau : *incomplet.*

430 Apollon et les Muses, Calendriers pour l'année 1806; avec des Figures gravées au pointillé, par Parfait, d'après les Dessins de Lafitte. In-4.° veau dor. sur tr.

431 Fables choisies de La Fontaine, ornées de Figures lithographiques de MM. Carle Vernet, Horace Vernet

OUVRAGES A FIGURES.

et Hypolite Lecomte. Paris, 1818, in-fol., obl. pap. vél., cartonné, dos de maroq.

432 Emblêmes religieux, avec des Gravures sur bois, par B. Nesbit, Branston, Clennell et Hole, d'après les Dessins de J. Thurston. Londres, 1810, in-4.° rel. en maroq. bleu.

433 Misères de la Vie humaine. Londres, chez Ackermann; 12 Caricatures in-8.° obl. dos en basane.

434 Vignettes pour une édit. in-8.° des OEuvres de Schakespear, par Rob. Smirke, 1821 à 1825. Livr. 1 à 8. 44 P.

435 Vignettes au trait pour le Poëme de Faust, Lithographiées par Muret, in-4.° obl.

436 Atlas géographique, historique, etc., de la France, par Mr H. Brue et Guadet, 6 Liv.; Atlas des Monumens des Arts libéraux, etc., de la France, par Mr L.-Ch.-Alexandre Lenoir, 6 Livr. in-fol.

437 Plan de Paris et Carte des Environs; Plan de Londres, coloriés, collés sur soie et sur toile, avec étui.

438 Nouveau Recueil de Planches coloriées d'Oiseaux, etc., publié par C.-J. Temminch et Meiffren, d'après les Dessins de Huet et Prêtre, in-fol. Livr. 35, 40, et 60 à 76, *colorié*.

439 Leçons de Flore, Cours complet de Botanique, etc., par J.-L.-M. Poiret, avec 56 Pl. coloriées, par P.-J.-F. Turpin. Paris, Panckouke, 1819, in-8.° 2 vol., dos de veau.

440 Herbier forestier, ou Collection des espèces d'arbres et arbrisseaux qui composent les forêts, dédié et présenté au Roi par J.-B. Duchesne fils, jardinier en chef. 1820, in-fol., mouton maroq.

Cette Collection contient 42 échantillons très-bien préparés et placés sur une feuille de papier blanc, sur laquelle se trouvent imprimés les noms latins et français de l'espèce.

OUVRAGES A FIGURES.

441 Broderies pour les Uniformes des Officiers de la Maison civile du Roi, suite de 53 Pl., dont 4 gravées sur cuivre, les autres lithographiées. *Un seul exemplaire complet.* Les Planches se trouvent sous le n.° 348.

442 Plusieurs autres exemplaires *incomplets.*

Voyages pittoresques.

443 Voyages pittoresques et romantiques dans l'ancienne France, par MM. Ch. Nodier, J. Taylor et Alph. de Cailleux. Paris, 1822, 2 vol. in-fol. pap. vél. épr. sur pap. de Chine, dos de maroq. En tête est un calque de la carte des bords de la Seine, depuis Rouen jusqu'au Havre.

444 French Scenery, from drawings made in 1819 by Captain Batty. Londres, 1822, in-4.° dos de maroquin.

445 Paris et ses Alentours, par M. F. Damame-Demartrais. Paris, 1818. 14 Vues, dont 3 coloriées.

446 Description historique et pittoresque du Château de Chambord, etc., par MM. Merle et Perié. 6 Pl. lith. et le titre in-fol.

447 Voyage pittoresque dans les Pyrénées françaises, etc., par Melling; gravé à l'aquatinte, par Piringer, Salathé et Gibel. Paris, in-fol. obl. Livr. 1 à 8.

448 Choix de Vues pittoresques (en Italie), par le Vicomte de Senonnes. 7 Livr.

449 Les plus beaux Edifices de la ville de Gênes et de ses environs, par M.-P. Gauthier. Paris, 1824, in-fol. Liv. 1 à 18.

450 Vues d'Angleterre et du Pays de Gales, dessinées par J.-M.-W. Turner. 1817, in-4.° Liv. 1 à 4.

451 Suite de Vues d'Islington et Pentonville, d'après les Dessins faits en 1818, par Auguste Pugin, etc. Londres, 1819, in-4.° veau.

452 L'Histoire de l'Église abbatiale de Saint-Pierre de Westminster. Londres, chez Ackermann, 1812, 2 vol. gr. in-4.° pap. vél. veau doré sur tr. fig. color.

453 Histoire de l'Université d'Oxford, avec des Planches gravées à l'aquatinte et coloriées. Londres, chez Ackermann, in-4.° Liv. 1 à 20, formant le 1.er vol.

454 Histoire de l'Université de Cambridge, avec des Planches gravées à l'aquatinte et coloriées. Londres, chez Ackermann, 1815, in-4.° 2 vol. cart.

455 Histoire des Colléges de Winchester, Éton et Westminster, etc., avec des Planches gravées à l'aquatinte et coloriées. Londres, chez Ackermann, 1816, in-4.° cartonné.

456 L'Ambassade de la Compagnie Orientale des Provinces-Unies vers l'Empereur de la Chine, etc., par Jean de Nieuhoff, traduit en français par Jean le Carpentier. Leyde, 1665, in-fol. veau.

457 Ambassades mémorables de la Compagnie des Indes-Orientales des Provinces-Unies, vers les Empereurs du Japon, etc., etc. Amsterdam, 1680, in-fol. veau.

458 Voyage dans la Basse et Haute-Égypte, pendant les Campagnes du Général Bonaparte, par Vivant Denon. Paris, 1802. 1 vol. in-4.° de texte, et l'atlas en 141 Planches in-fol. 2 vol. dos de bas.

459 Voyage dans la Haute et Basse-Égypte, etc., par C.-S. Sonnini. Paris, Buisson, an VII, in-8.° 3 vol. veau filet, et un atlas dos de veau.

Livres relatifs aux Arts.

460 Traité de Peinture, suivi d'un Essai sur la Sculpture, par Dandré Bardon. Paris, 1765, in-12, 2 vol. bas.

461 Réflexions critiques sur la Poésie et sur la Peinture, par Du Bos. Paris, 1770, in-12, 3 vol. basane.

LIVRES RELATIFS AUX ARTS

462 Dictionnaire des Arts du Dessin, par M. Boutard. Paris, Le Normand, 1826, gr. in-8.° demi-reliure, dos de veau, par Vogel.

463 Extraits de différens Ouvrages publiés sur la Vie des Peintres, par Papillon de la Ferté. Paris, 1786, in-8.° 2 vol. basane.

464 Manuel de l'Amateur d'Estampes, etc., par F.-E. Joubert. Paris, 1821, in-8.° 3 vol. dos de veau.

465 Gazette de l'Amateur des Arts, avec des Planches gravées à l'eau-forte, par Baltard et autres. 1806, gr. in-8.° rel. en veau.

466 Précis historique des Productions des Arts, etc., par Landon. Paris, 1801, in-8.° 3 vol. dos de basane. Le Tome 4 broché et complet; le Tome 5 broché; manque les 5 premiers numéros.

467 Catalogue raisonné d'Objets d'Arts du Cabinet de feu M.' de Silvestre, par Regnault-Delalande. Paris, 1810, in-8.° dos de veau.

468 Description des Objets d'Arts qui composaient le Cabinet de feu M.' le Baron V. Denon; Monumens antiques, par Dubois; Tableaux et Dessins, par Perignon; Estampes, par Duchesne aîné. 3 vol. brochés.

469 Histoire de la Vie et des Ouvrages de Raphaël, par M.' Quatremère-de-Quincy. Paris, 1824, in-8.° demi-rel. dos de veau par Vogel.

470 Collection de Lettres de Nicolas Poussin. Paris, Firmin Didot, 1824, in-8.° dos de veau.

471 Itinéraire instructif de Rome ancienne et moderne, etc., avec Fig., par Marie Vasi. Rome, 1813, in-12, dos de basane.

472 Rome antique et moderne, ou nouvelle Description de Rome, etc. 1750, in-8.° 3 vol. basane.

473 Pise illustrée dans les Arts du Dessin, par Al. de

Morrona. Livourne, 1812, in-8.° 3 vol. demi-rel. dos de basane.

474 Description historique et critique des trois somptueuses Chapelles des Médicis, dans la Basilique de Saint-Laurent, par D. Moreni (en italien). Florence, 1813, in-8.° dos de basane.

Livres divers.

475 Le Nouveau-Testament, en latin et en français, traduit par Sacy, avec des Vignettes, d'après les Dessins de Moreau. Paris, Didot, 1793, in-8.° 4 vol. veau.

476 Le Nouveau-Testament de Notre-Seigneur Jésus-Christ. Édition stéréotype, *produit de dons volontaires*. Paris, Firmin Didot, 1813, gr. in-8.° veau.

477 Œuvres de Montesquieu. Londres, 1772, in-8.° 3 vol. veau.

478 Le Nestor français, ou Guide moral et physiologique pour conduire la Jeunesse au bonheur, par J.-A. Millot et A.-J. Coffin-Rony. Paris, Buisson, 1807, in-8.° 3 vol. veau.

479 Lettres à Émilie sur la Mythologie, par C.-A. Demoustier, avec Fig. en bois. Paris, Renouard, 1809, 6 vol. reliés en 3, basane. — Lettres à Sophie sur la Physique, etc., par Louis-Aimé Martin. Paris, 1811, 4 vol. in-18, dos de veau.

480 Le Guide d'une Mère, ou Traité d'Éducation particulière, etc., par Ch. Bidon. Paris, 1804, in-8.° 2 vol. veau.

481 Études de la Nature, par Jacques-Bernardin-Henri de Saint-Pierre. Paris, Didot, 1791, in-12, 5 vol. veau.

482 La nouvelle Maison rustique, etc., par J.-F. Bastien, avec 60 Fig. Paris, 1798, in-4.° 3 vol. rel. en basane.

483 Histoire Naturelle générale et particulière, avec la

LIVRES DIVERS.

483. Description du Cabinet du Roi, par de Buffon et Daubenton. Paris, Imprimerie royale, 1750, in-4.° 19 vol. rel. en veau.

484 Petite Promenade physique, contre l'idée de la pesanteur de l'air, etc., par H. Bodelio. Paris, 1818, in-8.° dos de basane.

485 Traité complet d'Anatomie, etc., par Sabatier. Paris, Barrois, 1791, in-8.° 3 vol. basane.

486 Mémoires ou Essais sur la Musique, par Grétry. Paris, an v, in-8.° 3 vol. basane.

487 J.-J. Rousseau, citoyen de Genève, à M.^r d'Alembert, sur son article Genève, dans le viime vol. de l'Encyclopédie, et particulièrement sur le projet d'établir un théâtre de comédie en cette ville. Amsterdam, 1758, in-8.° veau.

> Exemplaire qui a appartenu à M.^r Le Barbier. Il y a plusieurs taches d'huile.

488 OEuvres d'Archimède, traduites littéralement, avec un Commentaire par F. Peyrard, etc. Paris, Buisson, 1807, in-4.° dos de veau.

489 Magasin encyclopédique, ou Journal des Sciences, des Lettres et des Arts, rédigé par E.-L. Millin. Année 1808, in-8.° 6 vol. dos de veau.

490 Annales de l'Industrie nationale et étrangère, etc., par Le Normand et de Moléon. Paris, 1820 à 1823, 1824 à 1826, broché, y compris la table générale, in-8.° 12 vol. dos de veau. — Exposition des Produits de l'Industrie au Louvre, en 1819, 4 vol. in-8.° dos de veau. — Annales de l'Industrie manufacturière, etc., par de Moléon. 1827; et les six premiers mois de 1828, 6 vol. brochés.

Littérature.

491 L'Odyssée d'Homère, traduite en vers par de Rochefort. Paris, 1777, in-8.° 2 vol. veau.
492 L'Illiade, traduction nouvelle, par Gui. Paris, 1784, in-12, 4 vol. veau.
493 Les Œuvres de Virgile, traduites en français par Desfontaines. Paris, 1750, in-12, 4 vol. basane.
494 Les Géorgiques de Virgile, traduites en vers français par Delille. Édition avec le texte latin. Paris, Bleuet, an II, in-8.° basane.
495 Poésies d'Horace, avec les Scholies de Jean Bond. Édition latine publiée par N.-L. Achaintré. Paris, 1806. in-8.° veau filet.
496 Les Satyres de Juvénal. Édition latine, revue sur un manuscrit, par N.-L. Achaintré. Paris, Didot, 1810, in-8.° 1 vol. veau filet.
497 Traduction des Fastes d'Ovide, etc., par Bayeux, avec Fig. Paris, 1783, in-8.° 4 vol. basane.
498 Métamorphoses d'Ovide, trad. en français par Banier. Paris, 1787, in-12, 3 vol. rel. en veau.
499 Histoire de la Littérature italienne, par Jérôme Tiraboschi, en italien. Florence, 1805, in-8.° 9 volumes, dos de mouton.
500 Histoire littéraire d'Italie, par P.-L. Ginguené. Paris, Michaud, 1811, in-8.° 9 vol. veau, dent.
501 Poëme de F. Petrarca, avec un Commentaire par G. Biagioli, Édition italienne. Paris, 1821, in-8.° pap. vél. dos de veau.
502 Le Décaméron de Jean Boccace. Amsterdam, 1718, Édition italienne. 2 vol. in-8.° veau, dor. sur tr.
503 Poésies de Michel-Ange Buonaroti, avec un Commentaire par G. Biagioli. Édition italienne. Paris, 1821, in-8.° 2 vol. pap. vél. dos de veau.

LITTÉRATURE.

504 Vie et Poésies de C. de Pistoye. Édition italienne, donnée par S. Ciampi. Pise, 1813, in-8.° dos de bas.

505 Histoire de Don Quichotte, partie des Œuvres complètes de Cervantes, traduite par H. Bouchon-Dubournial. Paris, Méquignon-Marvis, 1821, in-8.° 4 vol. pap. vél. demi-rel. dos de veau, par Vogel.

506 Les Aventures de Télémaque, par Fénélon. Paris, 1810, in-12, avec 25 Gravures, veau, dor. sur tr.

507 La Pucelle, poëme en vingt-un chants, avec les Notes, par Voltaire. Édition stéréotype. Paris, Didot, 1801, pap. vél. cart.

508 Les Saisons, poëme. Amsterdam, 1775, avec des Vignettes d'après les Dessins de Moreau, grand in-8.° pap. de Hollande, veau filets, dor. sur tr.

509 La Navigation, poëme, par J. Esmenard. Paris, Michaud, 1806, in-8.° dos de veau.

510 Paul et Virginie, par Jacques-Bernardin-Henri de Saint-Pierre, avec figures d'après les Dessins de Moreau. Paris, 1789, in-8.° maroq. v. dor. sur tr. Sur le frontispice est écrit : *Donné au citoyen Lafitte, par l'Auteur de Saint-Pierre.*

511 Paul et Virginie, par Jacques-Henri-Bernardin de Saint-Pierre, avec Figures. Paris, Didot ainé, 1806, grand in-4.° pap. vél. cart.

512 La Byzanciade, poëme, par l'Auteur des trois Ages. Paris, Firmin Didot, 1822, in-8.°, dos de veau.

513 Le Mérite des Femmes, et autres Poésies, par Gabriel Legouvé. Paris, Renouard, 1815, in-12, veau dent. dor. sur tr.

514 L'Enfant-Prodigue, poëme en quatre chants, par Campenon. Paris, 1812, in-8.° dos de bas.

515 Les trois Ages, ou les Jeux Olympiques; l'Amphithéâtre et la Chevalerie; poëme en six chants. Paris,

Firmin Didot, 1816, in-12, pap. vél. demi-rel. dos de veau.

516 Le Tableau de la Volupté, ou les quatre Parties du Jour, poëme en vers libres, par M. D.-B., avec Figures, d'après Eisen. Cythère, 1771, in-12, veau.

517 OEuvres de Jacques Delille. Paris, Michaud, 1805, in-8.°; les Vignettes d'après les Dessins de Monsiau, 16 vol. rel. en veau dent. dor. sur tr.

518 OEuvres complètes de Boileau-Despréaux, contenant ses Poésies, etc. Paris, Mame, 1809, in-8.° pap. vél. 3 vol. rel. en veau dent. dor. sur tr.

519 OEuvres complètes de J. La Fontaine. Paris, Lefebvre, 1814, in-8.°; les Vignettes d'après les Dessins de Moreau : 6 vol. rel. en veau dent.

520 Fables de La Fontaine, ornées de 202 Gravures en bois, par Godard. Paris, 1804, in-12, 2 vol. veau dent.

521 Essai sur les Fables et sur leur Histoire, adressé à la citoyenne Du Bocage, ouvrage posthume de J.-S. Bailly. Paris, Debure, an VII, in-8.° basane.

522 Leçons françaises de Littérature et de Morale, etc., par MM. Noël et Delaplace. Paris, Le Normant, 1811, in-8.° 2 vol. veau dent. dor. sur. tr.

523 Souvenir littéraire de 1827, publié par Alarica Watts, cart. et doré sur tr. (*Les Figures sont belles d'épreuves*).

524 Chefs-d'OEuvre de Pierre et de Thomas Corneille, avec les préfaces, etc., de Voltaire. Paris, Capelle, 1807, in-8.° 3 vol. rel. en veau, filets.

525 OEuvres complètes de Regnard, publiées par M.ᵉ Garnier. Paris, Lefebvre, in-8.° pap. vél., avec des Vignettes d'après les Dessins de Marillier : 6 vol. rel. en veau dent. dor. sur tr.

526 OEuvres de Molière, avec des remarques, etc., par

LITTÉRATURE.

M.' Bret. Paris, 1804, in-8.°; les Vignettes d'après les Dessins de Moreau. 6 vol. rel. en v. filets dor. sur tr.

527 Œuvres de Jean Racine, publiées par M.' Petitot. Paris, Héran, 1807, in-8.° pap. vél., d'après les Dessins de Le Barbier. 5 vol. rel. en v. dent. dor. s. tr.

528 Œuvres complètes de Jean Racine, avec les Commentaires de M.' de La Harpe. Paris, Agasse, 1807, in-8.° 7 vol. dos de veau.

529 Œuvres dramatiques de N. Destouches. Paris, Crapelet, 1811, in-8.° pap. vél.; les Vignettes d'après les Dessins de Lafitte. 6 vol. rel. en veau dent. dor. s. tr. *Voy.* les Dessins de ces Vignettes, n.° 110.

530 Œuvres complètes de Crébillon. Paris, 1785, in-8.°; les Vignettes d'après les Dessins de Marillier. 3 vol. rel. en veau.

531 La Mort de Socrate, drame, etc., par Jacques-Henri-Bernardin de Saint-Pierre. Paris, 1808, in-18, rel. en mouton, maroq. dor. sur tr.

532 Comus, masque de Milton, représenté au château de Ludlow en 1634, devant John Egeston, comte de Bridgewater. *L'original italien et la traduction littérale en français.* Paris, Crapelet, 1806, in-4.° pap. vél. cart.

Le même ouvrage, le texte seulement en italien, gr. in-8.° pap. vél. *Manque le Frontispice.*

533 Les Étrennes de la Saint-Jean, et les Écosseuses ou les Œufs de Pâques, etc. Troie, 1757, in-12, veau.

534 Faucillane ou l'Infante Jaune, et Acajou et Zirphille, Contes avec des Figures dessinées par Boucher, in-4.° dor. sur tr.

Madame de Maintenon peinte par elle-même. Paris, Maradan, 1810, in-8.° dos de veau.

Les Affections de divers Amans. — Les Narrations d'Amour de Plutarque, in-12, veau.

LITTÉRATURE.

555 Contes moraux, par Marmontel. Paris, 1803, in-12; 3 vol. basane.

536 Tom Jones, ou l'Enfant trouvé de Fielding, par de La Place. Paris, 1767, in-12, 4 vol. veau.

537 Le Vicaire de Wakefield, par Ol. Goldsmith; éd. angl. Paris, Barrois, 1806, in-12, demi-rel. dos de veau.

L'Aventurier, par Hawkerworth; édition anglaise. Londres, in-18, 2 vol. cart.

538 Le Moine, par Mr G. Lewis, édit. anglaise. Paris, Barrois, 1807, in-12, 3 vol. en un seul, demi-rel. à dos de veau.

Les Enfans de l'Abbaye, par Rémi-Marie Roche, édition anglaise. Paris, Barrois, 1807, in-12, 5 vol. demi-rel. à dos de veau.

539 Une simple Histoire, par Mr Inchbald, éd. anglaise. Paris, Barrois, in-12, 2 vol. en un seul, demi-rel. dos de veau.

Simple Histoire, trad. de l'anglais de Mr Inchbald, par J.-M. Deschamps. Paris, an VIII, in-8.° 2 vol. dos de bas.

540 Louise, par Élisabeth Helme. — L'Homme du Tact, par Mackenzie, édit. anglaise. Paris, Barrois, 1807, in-12, demi-rel. dos de veau.

Souvenirs de Brighton, de Londres et de Paris, par Mme Simon-Candeille. Paris, 1818, in-8.° dos de bas.

541 La Vie et les Aventures de Robinson-Crusoé, par Daniel de Foe; traduction revue et corrigée sur la belle édition donnée par Stockdale en 1790, etc., ornée de 18 Gravures, d'après les Dessins de Stothard. Paris, Panckouke, an VIII, gr. in-8.° 3 vol. veau, filets.

542 Collection complètes des Œuvres de Diderot. Londres, 1773, in-8.° 5 vol. veau, filets.

HISTOIRE.

543 OEuvres complètes de Voltaire, édition publiée à Paris, chez Ant.-Aug. Renouard, 1809, in-8.° 65 vol. ; 2 vol. de table sont réunis en un seul, avec les Figures, d'après les Dessins de J.-M. Moreau, et les Portraits gravés par Saint-Aubin; demi-rel. en dos de veau, par Vogel; bel exemp.

544 OEuvres de Napoléon Bonaparte. Paris, Panckouke, 1822, in-8.° 5 vol. demi-rel. dos de veau.

Histoire.

545 Discours sur l'Histoire universelle, par J.-B. Bossuet. Paris, 1771, 2 vol. in-12, bas.

546 Recherches philosophiques sur les Grecs, les Chinois et les Américains, par M. de Pauw. Berlin, 1778, in-12, 7 vol. bas.

547 Histoire Ancienne des Égyptiens, des Carthaginois, des Assyriens, etc., par Rollin. Paris, 1737, in-12, 13 vol. veau.

548 Histoire Romaine, depuis la fondation de Rome jusqu'à la bataille d'Actium, par Rollin. Paris, 1789, in-12, 16 vol. veau.

549 Tacite, nouvelle traduction, par M.' J.-B.-.J.-R. Dureau-de-Lamalle. Paris, Giguet et Michaut, 1808, in-8.° 5 vol. rel. en bas. *Le 1.er vol. est mouillé, et le Frontispice fortement gâté.*

550 Vie des grands Capitaines de l'Antiquité, de Cornelius Nepos, trad. par Paul. Paris, Barbon, 1871, in-12.
— Quinte-Curce : de la Vie et des Actions d'Alexandre-le-Grand, trad. par Dacier. Amsterdam, 1747, in-12, 2 vol.
La Vie des Hommes illustres de Plutarque, traduite par Dacier. Paris, 1778, in-12, 12 vol. veau.

551 Histoire des douze Césars de Suétonne, trad. par

HISTOIRE.

H. Ophellot de la Pause. Paris, 1771, in-8.° 3 v. v.

552 Histoire moderne des Chinois, des Japonnois, des Indiens, des Persans, des Turcs, etc., pour servir de suite à l'Histoire Ancienne de Rollin. Paris, 1755, in-12, 30 vol. veau.

553 Histoire philosophique et politique des Établissemens et du Commerce des Européens dans les Deux-Indes, par G.-T. Raynal. Genève, 1780, in-4.° 5 vol. dont un d'atlas, rel. en veau fauve, dor. sur tr.

554 Abrégé chronologique, ou Histoire des Découvertes faites par les Européens dans les différentes parties du Monde, par Jean Barrow, trad. de l'anglais par Targe. Paris, 1766, in-12, 12 vol. veau.

555 Carte générale de la Monarchie française depuis Clovis jusqu'à Louis XV, en 20 Tables, par Leman de la Jaisse. 1733, in-fol. veau.

Théâtre des Rois et des Souverains de la Famille royale de France, etc. Amsterdam,............. in-fol. veau.

556 Variations de la Monarchie française dans son Gouvernement, etc.; par Gautier de Sibert. Paris, 1765, in-12, 4 vol. veau.

557 Histoire des Rois de France depuis Pharamond jusqu'à Louis XV, enrichie de leurs Portraits; et Faits les plus remarquables, en 65 planches : OEuvres posthumes, par N. de Fer. in-4.° veau. *L'Ouvrage est composé de 131 planches.*

558 Abrégé de l'Histoire de France, par le Père Daniel. Paris, 1724, in-12, 9 vol. dos de veau.

559 Abrégé chronologique, ou Extrait de l'Histoire de France, par de Mézeray. Paris, 1672, in-12, 6 v. dos de veau.

560 Histoire de France pendant les guerres de Religion,

HISTOIRE.

par Charles Lacretelle. Paris, Délaunay, 1814, in-8.º 4 vol. veau filets.

561 Histoire de France pendant le xviii.º siècle, par Lacretelle le jeune. Paris, Buisson, 1808, in-8.º 6 vol. veau, filets.

562 Mémoires pour servir à l'Histoire de France, etc., de 1515 à 1611. Cologne, 1719, in-8.º 2 vol. veau.

Histoire de Charlemagne, etc, par Pierre Granié. Paris, 1819, in-8.º dos de veau.

Histoire de Louis XI, par Duclos. Paris, 1745, in-12, 3 vol. veau.

563 Essais historiques sur Paris, de M.ʳ de Saint-Foix. Paris, 1765, in-12, dos de bas.

564 Tableau de Paris, par Mercier. Amsterdam, 1783, in-12, 4 vol. dos de veau.

565 Histoire physique, civile et morale de Paris, etc., par J.-A. Dulaure, seconde édit. Paris, Guillaume, 1823, in-8.º 10 vol. et 1 vol. atlas in-4.º demi-rel. en dos de veau; par Vogel.

566 Abrégé de l'Histoire de Port-Royal, par Racine. Paris, 1767, in-18, mar. rouge, dor. sur tr.

567 Mémoires sur l'Expédition de Quiberon, etc., par L.-G. de Villeneuve-Laroche-Barnaud. Paris, Le Normant, 1819, in-8.º 2 vol. rel. en un seul, d. de v.

568 Histoire des Naufrages, etc., par M. Deperthe. Paris, 1818, in-12, 3 vol. dos de bas.

569 Histoire de M.ᵐᵉ de Maintenon et de la Cour de Louis XIV, par Lafont d'Aussone. Paris, 1814, in-8.º 2 vol. dos de bas.

570 Mémoires sur la Vie privée de Marie-Antoinette, reine de France, etc., par M.ᵐᵉ Campan. Paris, Baudoin, 1822, in-8.º 3 vol. veau dent.

571 Vie de L.-J. de Bourbon-Condé, prince du sang, etc.

HISTOIRE.

par Cl.-Ant. Chambelland. Paris, Dentu, 1819, in-8.°
3 vol. dos de veau.

572 Histoire des Jacobins, depuis 1689 jusqu'à ce jour, ou État de l'Europe en novembre 1820, par l'Auteur de l'Histoire des Sociétés secrètes. Paris, 1820, in-8.° dos de veau.

Vie politique de tous les Députés de la Convention nationale, pendant et après la Révolution, par M. R..... Paris, 1814, in-8.° bas.

573 Mémoires d'Hyppolite Clairon, etc. Paris, Buisson, an VII, in-8.° bas.

574 Vie et Pontificat de Léon X, par Roscoe, trad. de l'anglais par P.-F. Henry. Paris, 1813, in-8.° 4 vol. dos de veau.

575 Histoire d'Angleterre, contenant celle des Maisons de Plantagenet, Tudor et Stuart, par David Hume, traduite en français par M.*** B.... Amsterdam, 1765, in-12, 18 v. v.

576 Recueil de Discours prononcés au Parlement d'Angleterre par J.-C. Fox et W. de Pitt, traduit par MM. H. de J....... et L.-F. de Jussieu. Paris, Le Normant, 1819, in-8.° 12 vol. dos de veau.

577 Histoire des Pêches, des Découvertes et des Établissemens des Hollandais dans les Mers du Nord, tr. par Bernard de Reste. Paris, V.° Nyon, an IX, in-8.° 3 v. b.

Voyages.

578 Voyage du jeune Anacharsis en Grèce, par l'Abbé Barthélemy. Paris, Debure, 1788, in-4.° 5 vol. dont un d'atlas, rel. en veau.

579 Voyage d'Antenor en Grèce et en Asie, etc., par Lantier. Paris, Buisson, 1802, in-8.° 3 vol. veau.

580 Les Antenors modernes, ou Voyage de Christine et

VOYAGES.

de Casimir en France, pendant le règne de Louis XIV. Paris, Buisson, 1806, in-8.° 3 vol. veau dent.

581 Voyage en Grèce et en Turquie, par C.-S. Sonnini. Paris, Buisson, 1801, in-8.° 2 vol. veau, filets.

582 Voyage littéraire de la Grèce, etc., par Guys. Paris, 1776, in-8.° 2 vol. veau.

583 Voyage en Syrie et en Égypte, pendant les années 1783 à 1785, par M. C.-F. Volney. Paris, 1787, in-8.° 2 vol. bas.

584 Lettres sur l'Égypte, etc., par Savary. Paris, 1786, in-8.° 3 vol. veau.

585 Voyage en Chine, formant le complément du Voyage de lord Macartney, par J. Barow, trad. de l'anglais par J. Castera. Paris, Buisson, 1805, in-8.° 3 v. d.

586 Voyage dans l'intérieur de la Chine et en Tartarie, par lord Macartney, trad. de l'anglais par J. Castera. Paris, Buisson, 1804, in-8.° 5 vol. veau dent., et un vol. atlas, dos de veau.

587 Voyage en Chine et en Tartarie, à la suite de l'Ambassade de lord Macartney, par Holmes, trad. de l'anglais par L. Langlès. Paris, 1805, 2 vol. in-8.° rel. en un seul, veau, filets.

588 Voyage à la Cochinchine, etc., par J. Barrow, trad. de l'anglais par Malte-Brun. Paris, Buisson, 1807, in-8.° 2 vol. veau dent., et un atlas dos de veau.

589 Ambassade au Thibet et au Boutan, etc., par Samuel Turner, trad. de l'anglais par J. Castera. Paris, Buisson, 1800, in-8.° 2 vol. veau dent., et un atlas dos de veau.

590 Voyage en Espagne du Chevalier de Saint-Gervais, et les divers Évènemens de son Voyage, par de Lantier, avec Fig., d'après les Dessins de Lafitte. Paris, A. Bertrand, 1809, in-8.° 2 vol. basane.

591 Voyage dans les Deux-Siciles, et dans quelques parties

des Apennins, par Spollanzani. Rome, 1795, in-8.° 3 vol. demi-rel. dos de basane.

592 Itinéraire de Paris à Jérusalem, par A. de Châteaubriant. Paris, Le Normant, 1811, in-8.°, 3 vol. veau fil.

593 Troisième Voyage de Cook, ou Voyage à l'Océan-Pacifique, sous la direction des Capitaines Cook, Clarke et Gore, sur les vaisseaux *la Résolution* et *la Découverte*, dans les années 1776 à 1780; trad. de l'anglais, par M. D... Paris, 1785, 4 vol. in-4.° dos de veau.

594 Nouveau Dictionnaire historique, etc., par une société de Gens de Lettres. Paris, Lefay, 1772, in-8.° 8 vol. dont deux de suppl. veau.

595 Dictionnaire pittoresque et historique, par M.' Hébert. Paris, 1766, in-12, 2 vol. demi-rel. dos de veau.

596 Dictionnaire portatif, contenant les Anecdotes historiques de l'Amour, depuis le commencement du Monde. Paris, Buisson, 1788, 2 vol. veau.

597 Dictionnaire portatif des Femmes célèbres, etc. Paris, 1788, in-12, 2 vol. dos de veau.

598 Les Siècles payens, ou Dictionnaire mythologique, etc., par S. de Castres. Paris, 1754, in-12, 9 vol. veau.

599 Nouveau Dictionnaire français-italien et italien-français, par François d'Alberti de Villeneuve. Marseille, 1772, in-4.° 2 vol. veau.

600 Calendrier de la Cour, années 1813, 1815, 1816, 1817 à 1820, 12 vol. in-32.

601 Plusieurs Almanachs des Dames et des Demoiselles, avec des Fig. 9 vol. in-18.

602 Plusieurs Ouvrages non décrits seront détaillés sous ce numéro.

FIN.

TABLE ALPHABÉTIQUE.

A

ADAM (Victor), n. 323, 427.
ANDRIEU (Bertrand), n. 247.
ANTOLINI (Jean), n. 305.
AUDOUIN, n. 251.
AUDRAN (Gérard), n. 210 à 214.

B

BANCE, n. 301, 302.
BARBIER (LE), n. 10, 56 à 58.
BARBIERI (François), n. 82.
BAUDOIN, n. 48.
BERNARD, n. 81.
BERVIC, n. 244.
BOLSWERT, n. 186.
BOUCHER (François), n. 40.
BOURGEOIS (Const.), n. 264 à 266.
BRUN (École de LE), n. 38.
BRUYN (Nic. DE), n. 184.
BRY (Jean-Théod.), n. 181.

C

CALLET, n. 9.
CALLOT (Jacques), n. 187 à 190.
CALMÉ, n. 331.
CALZA (F.), n. 340.
CANOVA (Antoine), n. 401.
CARAFFE, n. 54.
CARDON (Antoine), n. 263.
CARON, n. 334.
CARRACHE (École des), n. 2.
CHAMPAGNE (Phil. de), n. 4.
CHAMPCOURTOIS (L.), n. 267.
CHAPERON (Nicolas), n. 191.
CHATILLON, n. 303.
CORT (Corneille), n. 180.
COSTE, n. 53.
COTCHÉ, n. 327.
COUFÉ, n. 329.

D

DEMARNE, n. 11, 12.
DENON (Vivant), n. 232, 458.
DEQUEVAUVILLIERS, n. 328.
DESNOYERS (Aug.-B.), n. 296 à 300.
DEVERIA (Achille), n. 317 à 321.
DREVET (Pierre-Imbert), n. 217 à 219.
DUPARC, n. 282.
DUPLESSIS-BERTAUX, n. 245, 246.
DURER (Albert), n. 17.

E

EDELINCK (Gérard), n. 208, 209.

F

FORSTER (Franç.), n. 279.
FORTIER (Claude), n. 325.

FRAGONARD (Honoré), n. 41.
FREY (J.-P. DE), n. 260, 261.

G

GARNIER, n. 324.
GENOELS (Abraham), n. 37.
GIRARDET (Abraham), n. 254 à 258.

H

HELMAN (Isid.-Stan.), n. 231.
HUBERT (Azélie), n. 335.
ET (J.-B.), n. 48 à 51.

I

INGOUF (Fr.-Rob.), n. 234, 235.

J

JORDAENS (École de), n. 3.

L

LAFAGE (Raimond DE), n. 36.
LAFITTE (Louis), n. 13 à 27, 60 à 170, 267 bis, 268, 342 à 348, 404, 430.
LAIRESSE (Gérard), n. 215.
LANTARA, n. 43.
LASNE (Michel), n. 192.
LAUGIER, n. 312.
LAURENT (Henri), n. 315.
LEBAS (J.-Ph.), n. 224.
LÉONARD DE VINCI, n. 177.
LIGNON (Frédéric), n. 311.

M

MANTEGNA (André), n. 176.

MASSARD (Les), n. 272 à 277.
MELLAN (Claude), n. 193, 194.
MELLING, n. 326, 447.
MIGNERET, n. 330.
MOREAU (J.-M.), n. 55, 230.
MORGHEN (Raphaël), n. 239 à 242.
MORIN (Jean), n. 196.

N

NANTEUIL (Robert), n. 200 à 207.
NIQUET (Cl.), n. 249, 250.
NORMAND (Charles), n. 253, 303, 344, 345, 405, 414.
NORMAND (Louis-Marie), n. 314.

P

PAJOU, n. 47.
PAROCEL, n. 39.
PERDEREAU, n. 33.
PESNE (Jean), n. 198.
PILLEMENT (Les), n. 259.
PIRANESI (Les), n. 220 à 223, 236 à 238.
PIRINGER (Benoît), n. 269 à 271.
PONCE (Nicolas), 233.
PORPORATI (Charles), n. 229.
PRIMATICE (François), n. 31.
PRUDHON (Pierre-Paul), n. 59.
PUGIN (Auguste), n. 395, 451.

R

RAIMBACH (Abraham), n. 278.
RAUSONNETTE, n. 295.
RAPHAEL, n. 1.
REMBRANDT, n. 195.
REVILLE, 322, 415.
RIBAULT (Les), n. 280 à 294, 341, 346.

RICHOMME (Jos.-Théod.), n. 307 à 310.
RIGAUT, n. 5, 6.
ROBERT (Hubert), n. 45.
RODELLE, n. 52.
ROGER (Barthelemy), n. 248.
RUHIERRE (Edme-Jean), n. 313.

S

SADELERS (Les), n. 182, 183.
SAENREDAM (Jean), n. 185.
SCHUPPEN (Pierre Van), n. 199.
SMIRKE (D.), n. 306.
STRADAN (Jean), n. 179.
SWANEVELT (Herman), n. 197.

T

TARDIEU (P.-Al.), n. 243.

V

VINCENT, n. 7, 42.
VERNET (Les), n. 44, 431.
VILLENEUVE (J.-L.-P.), n. 316.
VOS (Martin DE), n. 35.

W

WILLE (Jean-George), n. 225.
WOOLLETT (Guillaume), n. 225 à 227.

Fin de la Table.

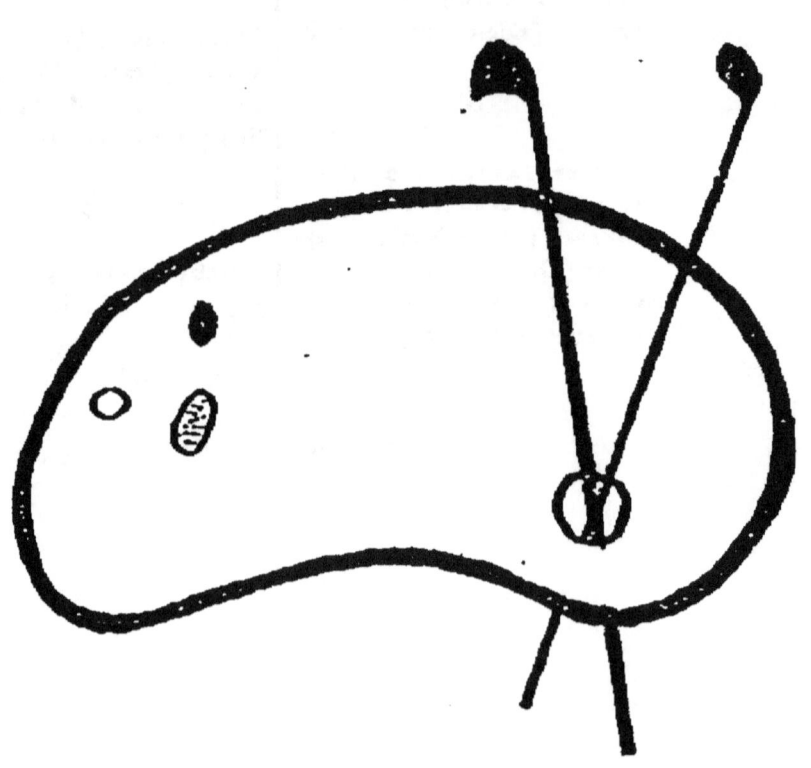

ORIGINAL EN COULEUR
NF Z 43-120-8

www.ingramcontent.com/pod-product-compliance
Lightning Source LLC
Chambersburg PA
CBHW070209230526
45471CB00002B/897